U0070777

漢武帝時期
士人處境探究

以「士不遇」之作為主的考察

王璟 著

自序

　　「遇」與「不遇」乃一極富哲學意味的人生課題,歷史上有太多才華洋溢之士自感受挫於現實,他們藉由文學抒發懷才不遇的感慨與壯志難酬的悲哀,控訴「大道如青天,我獨不得出」的無奈,「士不遇」可謂懷才者的集體創傷,也是文學史之基本主題。漢代諸多文人以「不遇」為題,依藉辭章寫作之能事,描述此一文化現象,其中尤以賦作為最。從這些為數不少的作品中可知,探究士之遇或不遇,實為漢代文人「同意共感」的文化現象,具有顯著的時代特徵,為研究兩漢思想及文學發展不可忽視的一個側面。

　　漢興六、七十年後在文景之治的沾溉下,國力臻於鼎盛,武帝即位伊始,內興制度,外伐四夷,文治武功建樹可謂空前。在漢武王朝昂揚氣勢渲染及帝王求賢若渴的呼喚下,漢代士人心中懷抱宏圖遠略,積極回應時代的要求,以求弘道濟世。史家盛讚漢武帝既招英俊,程其器能,用之如不及,漢之得人,於茲為盛,然而史家筆下足以讓有志之士大展抱負的繁華盛世,與士人的現實遭遇及實際感受似乎存在著相當程度的落差,看似近在眼前的康莊大道,在大一統的政治格局下宛如海市蜃樓般遙不可及。相較於春秋戰國,漢代少了亂世憂患,

但正因如此，昔日士人備受尊寵，甚至可抗禮人君的黃金時代已不復在，時代新變帶給士人不遇縱橫之時的無奈，因此在謳歌盛世的背後，部分文人筆下流露的並非遭逢明君盛世的快意，其以「不遇」為題，宣洩身處盛世卻有志難伸的苦悶，呈現出士人倫理價值與現實難以調和的矛盾。

盱衡當前的研究現況，以漢代「士不遇」為題的研究看似已累積相當成果，但多將主題設限在單一士人及作品上，或僅著眼於作品的藝術特徵或寫作技巧，將研究對象孤立化，未能置於廣袤的時空背景進行更為深入的討論，當然也有針對漢代「士不遇」現象的產生以及士人不遇之因進行較為宏觀的分析，但多單純地歸咎於大一統專制皇權對士人的壓抑，甚而將此視為士人個體生命不遇之主要、甚至是唯一的因素，導致士人具個別性差異的人格特質因此被忽略，對於這些不遇士人，欲了解其生命情境，應該更進一步去探討之所以有不遇之感的「個人」因素。此外，欲豁顯西漢初期到武帝朝士人處境及士不遇文學主題，不能僅侷限在「點」的討論，應將視角延展至「面」的層次。必須不同以往幾乎僅從文學作品立論的視域，應對時代背景、學術思潮、政治局勢、朝廷用人策略等外緣因素有著一定程度的掌握。

準此，本書以西漢初到漢武帝時期為討論範圍，以漢武帝

時期為核心，全書分為七章，第一章針對當前「士不遇」主題研究現況進行分析；第二章探討西漢初期士人處境及士不遇之作；此兩章為執行科技部專題研究計畫「西漢時期士人生命觀探究——以『悲士不遇』作品為主題」（MOST104-2410-H-346-009）之成果，曾撰寫〈西漢初期士不遇文學主題及士人遭遇探究〉一文，於2019年發表於《東亞漢學研究》，此次收錄針對該文進行相當幅度的補充及修正。第三章起將焦點集中在漢武帝時期，本章針對漢代求賢詔發展歷程、武帝時期人才盛世之表現、朝廷用人政策進行剖析。董仲舒、司馬遷、東方朔，為武帝朝不同類型士人的代表，分別以儒雅、文章、滑稽著稱於世。他們的身世、遭遇各異，卻都曾以「不遇」為題進行創作，深刻反映出漢武盛世潤色鴻業之外的另一面貌。2021年以〈漢武帝時期「士不遇」作品探究——以東方朔、董仲舒、司馬遷為例〉發表於「堅守與創新：疫情時期的東亞漢學研究」國際學術研討會，承蒙與談人國立臺灣師範大學國文系江淑君教授惠賜諸多寶貴建議，針對不足之處給予不少提點，該文修正後刊登於2021年《東亞漢學研究》（特別號），本書第四、五、六章即是以這篇一萬餘字的論文為基礎，進行大規模的擴充與增補，對於武帝朝這三位頗具代表性的士人各自以專章進行討論，多方參酌其生平仕履、相關論著、史傳記載，

同時更著重在性格特質的剖析,希冀對於他們的不遇之感能有更為全面的觀照。第七章針對西漢初期以來士人地位的變化、漢武帝的用人心態、士人牢騷幽怨之後的心靈安頓,以及從人格特質論人生際遇等議題為各章進行總結。全書透過歷時性與共時性的角度,探討漢武帝時期士人處境及士不遇主題之作,進而抉發此議題在文學史上的意義。

本書撰寫過程極為漫長艱辛,當年取得博士學位後高教體系教職已趨飽和,好不容易奏罷流浪者之歌,迎來的卻是兩校前後七年的艱苦專案教師生涯,同時也肩負了七年繁重且瑣碎的行政工作。轉任私校後的行政生涯除了依舊不識寒暑假為何物,還得日日準時到校,週週繳交工作報告,每學期無止盡的大小會議、辦理活動競賽、協助單位撰寫及執行各式計畫、追求每年度KPI達成率、擔任導師、指導專題,寫實演繹了這些年宛如蟻工的日常,其餘如捨棄個人研究的無奈、哺育幼兒的辛苦、家庭經營的壓力、兩地奔波的勞頓就不足為外人道了。坎坷跌撞的求職路途也讓我對於人生際遇有著更深一層的體悟,透過書中議題及人物的探討,彷彿也照見自我身影,所幸一路走來,家人無怨無悔的支持,長官同仁的肯定與厚愛,以及學生溫暖純真的反饋,讓我始終能抱持著樂觀與正念勇往直前,感恩曾經服務的致理科技大學以及再次回歸的澎湖科技大

學，在高教環境如此嚴峻的時刻，願意給予我一方安身立命及實踐理想的舞臺，何其有幸得以蒙受兩校長官、同仁、師友及學生們真心且豐足的關照，人生路途能與您們相遇同行，甚至離別後再度重逢，是我生命中最珍貴美好的印記，謹藉此序聊表謝忱。

個人資質駑鈍，才疏學淺，倉卒成書下疏漏之處在所難免，尚祈博雅君子，幸垂教焉。

王璟
2022年1月於澎湖馬公

目　錄

第一章　西漢中期前「士不遇」主題研究現況探析

　　「士」本為古代社會等級之一，長期發展下逐漸成為古代知識階層的代稱，為最具文化傳承意識的菁英群體，[1]他們具備知識與技能，兼懷道德及理想，且關心民瘼，以能入仕為政，為世所用，為其一生的重要信仰，除了藉以安身立命，更是他們對天下責任的實踐。[2]

　　然而，「遇」與「不遇」是個極富哲學意味的人生課題，歷史上有太多才華洋溢之士受挫於現實，他們藉由文學創作抒發懷才不遇的感慨與壯志難酬的悲哀，控訴「大道如青天，我獨不得出」（李白〈行路難其三〉）的無奈，「士不遇」可謂懷才者的集體創傷，也是文學史之基本主題。漢代諸多文人以「不遇」為題，依藉辭章寫作描述了此一文化現象。除了諸子

---

[1] 關於「士」階層之起源興起、文化淵源、發展歷程，以及中國知識分子的原始型態，余英時論之甚詳且影響深遠，歷來與此相關的討論多援此為據。詳見氏著：《士與中國文化》〈一　古代知識階層的興起與發展〉、〈二　道統與正統之間——中國知識分子的原始型態〉（上海：上海人民出版社，2003年），頁3-74、頁77-99。

[2] 于迎春：《秦漢士史》（北京：北京大學出版社，2000年），頁48-49。

散文及詩歌外,尤以賦作為最。根據顏崑陽先生的統計,[3]兩漢文人直接或間接以「悲士不遇」為題的作品大約計有二十四家,四十四篇,當中除了賦作之外,還涵蓋了散文及詩歌。費振剛所主編之《全漢賦》當中收錄之漢賦共八十三家,計二百九十三篇,其中可判定為完篇或基本完整者約一百篇,[4]張克鋒據此分析,在這一百篇中「主要表現悲士不遇主題和含有悲士不遇主題的賦約三十餘篇」,[5]比重高達三分之一。此外,《漢書・藝文志》記載漢代雜賦中有「賢人失志」賦十二篇,內容雖業已亡佚,但從名稱看來應當是以悲士不遇為主題的作品。從這些為數不少的作品中可知,探討士人之遇與不遇,實為漢代文人「同意共感」的文化現象,具有顯著的時代特徵,不論是在西漢文景初期、武帝盛世、西漢中後期,乃至東漢末年,皆有以「士不遇」為主題的辭賦或詩文不斷出現,實為研究兩漢文學發展不可忽視的一個側面。

本章首先探討此一主題產生之時代背景,並對西漢初期

---

[3] 顏崑陽:〈論漢代文人『悲士不遇』的心靈模式〉,收錄於國立政治大學中文系主編《漢代文學與思想學術研討會論文集》(台北:文史哲出版社,1991年),頁212。

[4] 費振剛等人在清代嚴可均輯《全漢文》、《全後漢文》的基礎上,輯校成《全漢賦》。費振剛、胡雙寶、宗明華輯校:《全漢賦》(北京:北京大學出版社,1993年),頁8。

[5] 張克鋒:〈論漢代辭賦中的悲士不遇主題及士人心態〉,《甘肅社會科學》,第1期,2007年,頁175。

到武帝時期士人處境做一概括性的論述，再就當前研究現況進行探討，提出在前行研究基礎上欲再著力深化之處，最後說明本書各章所欲討論的範圍及開展方向。

第一節　西漢「士不遇」主題產生之時代背景

　　漢代是中國歷史上第一個歷時悠久的大一統王朝，相較於嚴刑酷法，殘暴寡仁的秦王朝，劉漢新興政權為飽受壓迫的士人開啟了嶄新契機。漢高祖劉邦在初入關時便與民約法三章，廢除秦朝酷律，稱帝之後「約法省禁，而不軌逐利之民」[6]（《史記・平準書》），施行輕刑減賦，不擾民耕的治國方針，為求政權穩固，對內對外皆採以退為進的保守策略，其後的孝惠帝、呂后、文帝、景帝，皆依循「填以無為，從民之欲，而不擾亂」[7]（《漢書・刑法志》）的黃老思想，奉行無為而治、休養生息的清靜路線，《漢書・景帝紀》云：「漢興，掃除煩苛，與民休息。至於孝文，加之以恭儉，孝景遵

---

[6]　〔漢〕司馬遷撰；〔劉宋〕裴駰集解；〔唐〕司馬貞索隱；〔唐〕張守節正義：《史記》（台北：鼎文書局，1981年），頁1417。本章所引之《史記》皆以此版本為據，以下僅注篇名，不再另注版本出處。

[7]　〔漢〕班固撰；〔唐〕顏師古注；楊家駱主編：《漢書》（台北：鼎文書局，1986年），頁1097。本章所引之《漢書》皆以此版本為據，以下僅注篇名，不再另注版本出處。

業，五六十載之間，至於移風易俗，黎民醇厚。周云成康，漢言文景，美矣！」此外，根據漢高祖十一年（公元前196年）所下之〈求賢詔〉：「賢士大夫有肯從我游者，吾能尊顯之，佈告天下，使明知朕意。」（《漢書‧高帝紀》），在大開招賢之路以及上述寬緩清靜的時代背景下，漢代士人對於新興政權懷抱著高度的期待與嚮往，加上漢朝有鑑於暴秦速亡，戰國士文化在一定程度上得以復興，受到戰國庶人議政的傳統影響，漢初諸侯王仿效戰國諸侯貴族施行養士之風，雖然在規模及待遇上不能與戰國時期相比，但也使游士階層在藩國中再次尋得容身之所。

漢帝國經過六、七十年間的休養生息逐漸站穩腳步，漢武帝在文景之治的沾溉下，輔以自身之雄才大略，即位伊始便擊匈奴，通西域及西南夷，削抑諸侯，國力臻於鼎盛。與此同時又「興太學，修郊祀，改正朔，定曆數，協音律，作詩文，號令文章，煥焉可述」（《漢書‧武帝紀》），內興制度，外伐四夷，建樹可謂空前，締造了漢家盛世。此外，漢初賈誼、公孫臣曾兩次倡導改制雖先後失敗，不過在春秋公羊學派的促成下，朝野士人以高度熱情看待改制事業的推動，將此視為百年

一遇的偉大事業，認為當世乃聖王出現的時代，[8]也終於在武帝時期完成了改制事業。處於這樣的王道盛世，在時代氛圍熱情呼喚下，漢代士人心中懷抱宏圖遠略，紛紛高揚起理想的風帆，積極回應時代的要求，以求弘道濟世。尤其武帝先後頒布一系列招攬賢士的制文詔書，元光元年（公元前134）有〈策賢良制〉，元光五年（公元前130年）有〈策賢良制〉、〈詔賢良〉，元朔元年（公元前128年）有〈議不舉孝廉者罪詔〉。此外，元封五年（公元前106年）的〈求茂材異等詔〉當中更明白揭示：

> 蓋有非常之功，必待非常之人，故馬或奔踶而致千里，士或有負俗之累而立功名。夫泛駕之馬，跅弛之士，亦在御之而已。其令州郡察吏民有茂材異等，可為將相及使絕國者。（《漢書・武帝紀》）

8　誠如學者所言：「改制學說的建構及其實施，給文人提供了一個寄託理想、傾注激情的無限空間，而經濟與政治、軍事、文化的輝煌果，則是文人謳歌盛世、潤色鴻業的現實依據。大家都感到，他們趕上了一個千年不遇的王道盛世，一個令他們陶醉、催他們奮發、充滿希望的社會。他們要以百倍的努力，為這個盛世奉獻自己的聰明才智。」見楊樹增、陳桐生、王傳飛：《絕代風華》（台北：雲龍出版社，2003年），頁59-60。

武帝以馭馬比喻御士，在人才選拔上不計細行，「有非常之功，必待非常之人」，務求不同凡俗，具有絕對的信心來駕馭各類人才。另據《漢書・公孫弘卜式兒寬傳》記載：

> 公孫弘、卜式、兒寬皆以鴻漸之翼困於燕雀，遠跡羊豕之間，非遇其時，焉能致此位乎？是時漢興六十餘載，海內乂安，府庫充實，而四夷未賓，制度多闕，上方欲用文武，求之如弗及，始以蒲輪迎枚生，見主父而歎息。群士慕嚮，異人并出。卜式試於芻牧，弘羊擢於賈豎，衛青奮於奴仆，日磾出於降虜，斯亦曩時版築飯牛之明已。漢之得人，於茲為盛。儒雅則公孫弘、董仲舒、兒寬，篤行則石建、石慶，質直則汲黯、卜式，推賢則韓安國、鄭當時，定令則趙禹、張湯，文章則司馬遷、相如，滑稽則東方朔、枚皋，應對則嚴助、朱買臣，曆數則唐都、洛下閎，協律則李延年，運籌則桑弘羊，奉使則張騫、蘇武，將帥則衛青、霍去病，受遺則霍光、金日磾。其餘不可勝紀。是以興造功業，制度遺文，後世莫及。

《漢書・嚴朱吾丘主父徐嚴終王賈傳》亦云：

郡舉賢良，對策百餘人，武帝善助對，繇是獨擢助為中大夫。後得朱買臣、吾丘壽王、司馬相如、主父偃、徐樂、嚴安、東方朔、枚皋、膠倉、終軍、嚴葱奇等，並在左右。是時征伐四夷，開置邊郡，軍旅數發，內改制度，朝廷多事，婁（屢）舉賢良文學之士。公孫弘起徒步，數年至丞相，開東閣，延賢人與謀議，朝覲奏事，因言國家便宜。……其尤親幸者，東方朔、枚皋、嚴助、吾丘壽王、司馬相如。相如常稱疾避事。朔、皋不根持論，上頗俳優畜之。唯助與壽王見任用，而助最先進。

上述史料呈現在西漢盛世，不少士人受到天子賞識並且委以重任。當中羅列武、宣之世獲得朝廷任用的人名，一一指出各自的專長，武帝朝有公孫弘、董仲舒等二十餘人。班固在展示武帝之世湧現的各類人才之餘，更明白肯定朝廷招納賢士的政策，以「武帝既招英俊，程其器能，用之如不及」（《漢書·東方朔傳》），讚揚武帝能獲盡其才，並各當其處。

除了史家筆下的盛讚外，隨著漢代大一統體制逐漸奠定，縱橫遊說之術廢而不用，士人將才智辯術馳騁於文章之中，辭賦成為進身之階。不少辭賦家以文學之筆頌讚漢家盛世，藉此踐履人生理想，成為當時士人普遍的生命情態。透過大賦排比

17

事類，鋪張揚厲的形式，窮極聲貌地誇寫貴族帝王遊宴畋獵之樂與宮殿館舍之麗，以供統治者欣賞娛樂之用，這類作品勸百而諷一，多屬歌功頌德之作，其華麗濃豔的筆調完滿展現了漢家聲威，成為當時盛世豪情下的代表之作。

然而史家筆下足以讓有志之士大展抱負的繁華盛世，與士人的現實遭遇及實際感受似乎存在著相當程度的落差，這些看似近在眼前的康莊大道，在大一統的政治格局下宛如海市蜃樓般遙不可及。相較於春秋戰國，漢代少了亂世憂患，但正因如此，昔日求賢若渴，士人備受尊寵，甚至可抗禮人君，平交於王侯的黃金時代已不復在，時代新變帶給士人不遇縱橫之時的無奈，因此在謳歌盛世的背後，部分文人筆下流露的並非遭逢明君盛世的快意，其以「不遇」為題，宣洩盛世中有志難伸展的苦悶。是故，「潤色鴻業」與「悲士不遇」可謂漢代辭賦並行不悖的兩大主題。身處盛世卻仍不遇的失落喟嘆，呈現出士人倫理價值與現實難以調和的矛盾。

特別是屈原以其生命譜寫出時代及自身的悲劇，廣泛引發西漢士人的同情，他們在屈原的遭遇上似乎也看到了自己的身影，在其悲劇性結局的渲染下，模擬其作品及共同心理，來發洩現實人生中的苦悶情緒，以尋求心靈失落下的慰藉。西漢初期的賈誼是第一位對屈原生命遭遇產生共鳴的漢代士人，其

〈弔屈原賦〉開啟了漢代辭賦家追憶屈原的先例,本文除了向屈原致意,實為自喻。藩國文人嚴忌的〈哀時命〉純為騷體,主要透過屈原的際遇來自傷時命不合,抒發「哀時命之不及古人兮,夫何予生之不遘時」的悲哀。

再者,根據上述《漢書》兩則引文來分析武帝時期士人任用情況,董仲舒、司馬遷、東方朔,為武帝朝不同類型士人的代表,分別以儒雅、文章、滑稽著稱於世,他們的身世、經歷、遭遇各異,卻都曾以「不遇」為題進行創作。

班固曾將西漢擅長文章者分成言語侍從之臣與公卿大夫兩類,[9]此一現象背後有其深刻的時代因素,歷來多關注到言語侍從之臣的不同待遇,[10]他們當中不少是知名賦家,然而即如

9　班固在〈兩都賦序〉曾對西漢擅長文章之士進行分類及討論:
　　「故言語侍從之臣,若司馬相如、虞丘壽王、東方朔、枚皋、王褒、劉向之屬,朝夕論思,日月獻納。而公卿大臣,御史大夫倪寬、太常孔臧、太中大夫董仲舒、宗正劉德、太子太傅蕭望之等,時時間作。或以抒下情而通諷諭,或以宣上德而盡忠孝。」見費振綱、胡雙寶、宗明華輯校:《全漢賦》(北京:北京大學出版社,1993年),頁311。

10　魯迅曾說:「中國的開國雄主,是把『幫忙』和『幫閒』分開來的,前者參與國家大事,作為重臣;後者卻不過叫他獻詩作賦,『俳優蓄之』,只在弄臣之列。不滿於後者的待遇的是司馬相如,他常常稱病,不到武帝面前去獻殷勤,卻暗暗地作了關於封禪的文章藏在家裡,以見他也有計畫大典——幫忙的本領,可惜等到大家知道的時候,他已經『壽終正寢』了」、「司馬相如的結局說明了賦家的地位,他雖未藉賦來抒寫自己的失意,但卻是

枚皋所言:「為賦乃俳,見視如倡,自悔類倡也」(《漢書‧
賈鄒枚路傳》),感慨自身竟被視為倡優一類,倡優自古以來
受到鄙視,甚至如同奸臣、弄臣,[11]帝王卻將賦家與倡優等同
視之,縱使其人其文具有諷諫之意,但不同於骨鯁之臣的直言
極諫,他們多將勸諫隱藏在詼諧笑談之中或以隱語形式表現,
往往淪為帝王消遣娛樂之用。賦家面對自身「工具性」的存在
甚感無奈,透過文學抒發現實苦悶成為一大寄託。東方朔〈答
客難〉以主客問答的方式探討人生遇與不遇,成為其抒發抑鬱
苦悶心境的代表作,是現存最早以遇與不遇為主題的設辭類作
品,全文多方剖析士人在太平盛世卻難以出頭的原因,又如其
〈非有先生論〉則就士人忠諫,卻往往遭帝王以「誹謗」視
之,表達對「輔弼之臣瓦解,而邪諂之人並進」的痛恨。

董仲舒〈士不遇賦〉和司馬遷〈悲士不遇賦〉,逕直以
「士不遇」命題,除了將不遇之感直指整個士人群體,呈現漢
代士人在大一統專制體制下普遍不遇的境況,當中也鎔鑄了鮮
明的個人情感。尤其司馬遷的遭遇可謂盛世中最為悲慘的案

用行動來說明終生不得志。」見氏著:《漢文學史綱要》〈從幫
忙到扯淡〉,(上海:上海世紀出版集團,2011年),頁112。
[11] 如《管子‧立政九敗解》:「奸人在上,則壅遏賢者而不進也。
然則國適有患,則倡優侏儒起而議事矣,是驅國而捐之也。」
《漢書‧司馬遷傳》也說:「文史星歷,近乎卜祝之間,固主上
所戲弄,倡優畜之,流俗之所輕也。」

例，除了〈悲士不遇賦〉，其〈報任安書〉更是充斥對己身慘遭刑禍的憤懣之情。檢閱史冊，在武帝時遭刑乃至處死的士人比比皆是。因此在天下大一統的時代，遇與不遇成為士人筆下尋常發揮的題材，在面對士人及其不遇之作時，應有更深一層的思考，亦即士人何以會有這些不遇之感，當切入產生這種思想的「具體環境」，多方參酌士人的生平仕履、相關論著及史傳記載，來理解作者的思想性格及現實處境，對於我們了解此一時期「不遇」作品的共相及殊相，當有更實質的意義。

第二節　當前研究現況分析及重要文獻述評

　　若以西漢「士不遇」為關鍵字，根據臺灣國家圖書館「期刊文獻資訊網臺灣期刊論文索引系統」、「全國碩博士論文索引系統」以及「Airiti Library華藝線上圖書館」的檢索結果所示，目前的研究成果絕大多數為單篇作品或單一士人的研究，就西漢中期以前所涉及的論題大抵可分為：漢代文人屈原情結的形成、漢代辭賦中悲士不遇主題的成因，以及不遇情結在辭賦上的藝術特徵。

　　如前所述，漢代世人對於人生不遇感慨之書寫，不同時期各有其特色，整體而言西漢初期的文人對於己身際遇的感慨尚

未十分強烈，這點李炳海在《漢代文學的情理世界》中便已提出，[12]該書第一章「際遇禍福的有常與無常」提及從漢初到景帝末年，雖然也有像賈誼這樣的文人抒發人生不遇的感慨，但「從總體上看，這個時期的文學作品在表現人生遇與不遇的主題時，主要突出君臣遇合的一面，反映出士人對自身處境的滿意。[13]」文中分析漢初招攬文士的諸侯王以梁孝王劉武、淮南王劉安最為著名，因此表現士人與明君遇合的作品，主要來自於兩位諸侯王的門下客，如梁孝王旗下的枚乘、鄒陽、公孫詭、羊勝等人皆有歌頌與梁王幸遇的作品傳世，諸如枚乘的〈柳賦〉：「君王淵穆其度，御群英而翫之」、鄒陽〈酒賦〉：「哲王臨國，綽矣多暇。召嶓嶓之臣，聚蕭蕭之賓，安廣坐，……英偉之士，莞爾而即之。」皆是描寫君臣相得，齊聚一堂飲酒作樂的和樂場面。此外，路喬如的〈鶴賦〉、公孫詭的〈文鹿賦〉等，表現梁園文人與明主遇合的自得心態，相傳為淮南王劉安所作的〈屏風賦〉亦是如此。誠如李氏所言，漢初士人游食諸侯之間，還能保有戰國時期「來去從容，高視闊步，兼有文人和縱橫家的品格」，大致為我們勾勒出西漢初

---

[12] 李炳海：《漢代文學的情理世界》（長春：東北師範大學出版社，2000年），頁42-45。
[13] 李炳海：《漢代文學的情理世界》，頁43。

期藩國士人的處境概況，唯李氏僅約略提及同為梁孝王門下的嚴忌著有〈哀時命〉，未盡其詳，循此細究當能更加了解藩國士人之不遇之作。

顏崑陽〈論漢代文人『悲士不遇』的心靈模式〉主要探討「悲士不遇」這一心靈模式在漢代是如何形成，在漢代之後又有何發展？以及諸多個別主體對「士不遇」這一文化現象所具有的「共同感情經驗」、「意志趨向」與「觀念思維」。該文提出漢代士人直接或間接以「悲士不遇」做為文章主題的作品，從賈誼〈弔屈原賦〉、〈鵩鳥賦〉，到東漢末禰衡的〈鸚鵡賦〉大約計有二十四家，四十四篇，這是當前唯一對「悲士不遇」主題之相關作品進行較為全面的統計，文中歸納「歷史典型」經驗對於漢代士人文化心靈所構成的型塑作用，認為漢代士人對於屈原的不遇極為相應，「不但同情，更有共感」，認為這四十四篇文章中直接描寫屈原之不遇或間接將己身之不遇類比於屈原而仿其騷體的作品，佔有十多篇，因此得出漢代文人「悲士不遇」的心靈模式，乃是「通過屈原這一歷史經驗的型塑作用，再加上當代文人個別經驗的深切及普同，而與歷史經驗類化而成」[14]的結論。顏氏認為漢代文人對於「命」，

---

[14] 顏崑陽：〈論漢代文人『悲士不遇』的心靈模式〉，頁249。

「並不太做理論上的思維，而是傾向於歷史經驗的感悟，故特別注重『時』而謂之『時命』」[15]，亦即他們對於「命」最真切的感受並非對「天」的形上思考，而是在於「時代」，顏氏強調「『士不遇』之悲劇，有時代性也有個人性[16]」，然本文主要從宏觀的角度論述了兩漢時期「悲士不遇」心靈模式的形成與發展，自然無法對於個人有更進一步的探究，但也為我們指引出可再探索的方向。

以「士不遇」為題的學位論文主要有林小云、王進明及孫保珍所著之三部碩士論文。林小云《兩漢士不遇賦研究》，[17]是較早以漢代「不遇賦」為主題的專著，全書主要論述了兩漢士人「不遇」心態的發展變化，以及兩漢時期以「不遇」為主題的辭賦作品之藝術特徵，然而本論文過於單薄，以極有限的篇幅要處理上述議題，特別是橫跨了兩漢時期，實屬不易，因此絕大部分只能點到為止。王進明《西漢〝士不遇〞賦透析——以賈誼、董仲舒、司馬遷為研究對象》，[18]則將討論範圍聚焦在賈誼、董仲舒、司馬遷，僅針對賈誼〈弔屈原賦〉、〈鵩鳥

---

[15] 顏崑陽：〈論漢代文人『悲士不遇』的心靈模式〉，頁243。

[16] 顏崑陽：〈論漢代文人『悲士不遇』的心靈模式〉，頁242。

[17] 林小云：《兩漢士不遇賦研究》（福建師範大學碩士論文，2003年4月），44頁。

[18] 王進明：《西漢〝士不遇〞賦透析——以賈誼、董仲舒、司馬遷為研究對象》（延邊大學碩士論文，2006年5月），50頁。

賦〉；董仲舒〈士不遇賦〉；司馬遷〈悲士不遇賦〉等作品進行討論，對於士人本身際遇、同時期其他士人及作品乃至整個時代背景幾乎毫無關涉，在第一章引言，即文獻回顧的部分，只針對當代漢賦研究現況進行探討。作者提出現今對「士不遇」賦的研究仍是一個涉足較少的領域，故企圖從思想、藝術、情感、類型、文學影響及歷史性等方面針對這三位士人的四篇的賦作進行綜合式的探討，欲從它們的「共同性及差異性」來凸顯西漢士不遇賦的特色，然而本論文僅五十頁的篇幅，要處理如此眾多的議題顯然也是力不從心。孫保珍《西漢文學〝士不遇〞主題研究》[19]，以武帝之前、武帝時期、武帝以後到西漢末三個時期進行討論，除了針對單篇作品，大致上觸及作者的人生行跡及當時社會、政治、文化等面向，雖未能深入，但已建構出較為完整的討論模式。研究的重點集中在漢代士人表達不遇情懷所採取的藝術表達形式，歸納分類後提出大抵有直抒胸臆、藉人抒懷、設客難己、寓情景物等四種創作手法。

　　若以武帝朝為限，當前研究成果集中在單一賦家賦作的討與士不遇現象的分析兩大類。從期刊資料來看，前者如梁曉東

---

[19] 孫保珍：《西漢文學〝士不遇〞主題研究》（河北師範大學碩士論文，2009年5月），61頁。

〈論董仲舒〈士不遇賦〉中的士人處世之道〉,[20]提出董仲舒該賦集中闡述士「遇」與「不遇」的關鍵在於其生存的時代,其所謂的處世原則在於以「正心而歸一善」,以道德自我完善作為人生追求的終極目標。高詩亞〈論『士不遇賦』中士人心態的轉變——以屈原、董仲舒和陶淵明為例〉,[21]該文依序以「以死殉道的決絕」、「悲憤自守的消解」、「固窮濟意的歸隱」來定義這三位士人,指出「董仲舒個人不遇的生存困境,也代表了一代士人在大一統專制下普遍化的不遇境況」,作者認為除了董仲舒外,司馬遷、東方朔乃至楊雄、張衡,都以專文「淋漓盡致地抒發己身不遇的悲憤,以及在這樣的怨憤下所做出的選擇」,認為「他們無一例外地選擇了消解,而不是死亡」,並且「皆有意識調整自己的人生策略,他們或朝隱或退守,在一定程度上實現『儒道互補的精神變通』」,做出不同屈原以身殉道的選擇,轉而走向一種平和的自守和釋然,將董仲舒〈士不遇賦〉視為其「悲憤自守的消解之作」。柴雪英

---

[20] 梁曉東:〈論董仲舒〈士不遇賦〉中的士人處世之道〉,《甘肅高師學報》,第21卷第4期,2016年,頁9-12。

[21] 高詩亞:〈論『士不遇賦』中士人心態的轉變——以屈原、董仲舒和陶淵明為例〉,《遼東學院學報》(社會科學版),2016年2期,頁19-23。

〈儒者之宗的盛世悲——董仲舒〈士不遇賦〉評析〉，[22]除了認同該文典型體現士人在一統專制下普遍不遇的境況，也認為〈士不遇賦〉「深切抒發了董仲舒個人懷才不遇的悲涼心緒，同時反映其儒者之宗的人格與志趣」。承前所述，若就董仲舒〈士不遇賦〉全文觀之，嚴格而論其個人際遇之感其實並不明確，倒是比較傾向站在士人群體的立場上，對於所謂的不遇、生不逢時表達感慨。林欣儀〈論司馬遷之『悲士不遇』情結〉，[23]將「不遇」視為有才之士的集體創傷，本文對〈悲士不遇賦〉倒是沒有著墨，而是以《史記》〈屈原賈生列傳〉與〈李將軍列傳〉為討論焦點，透過司馬遷筆下的屈原、賈誼及李廣，探究其「悲士不遇情結」，雖為概略性的論述，但從《史記》來思考司馬遷不遇心境及己身之嘆，視角較為周延。上述這些期刊論文，大抵呈現了十餘年來研究者對武帝時期、士不遇文學主題、士不遇作品作者的研究概況，可以發現當中存在不少泛論性的討論，顯得有些陳陳相因，凸顯出對於漢代士不遇議題的研究成果看似豐沛，實存再議的空間。

　　就專書而論，雖無以漢代士人處境及士不遇為題之專

---

[22] 柴雪英：〈儒者之宗的盛世悲——董仲舒〈士不遇賦〉評析〉，《滄州師範專科學校學報》，第22卷第3期，2006年9月，頁29。

[23] 林欣儀：〈論司馬遷之『悲士不遇』情結〉，《雲漢學刊》，第33期，2016年8月，頁84-115。

著，不過張峰屹《西漢文學思想史》，[24]從「歷史還原」的研究進路，契入思想產生的「具體環境」，來討論西漢各時期的文學思想，其研究目的在於「描述西漢二百三十年間萌芽狀態的文學觀念的發展歷程。把握其文學觀念演變的自然脈絡，揭示各個發展階段的特點，並努力描述出這二百三十年間文學觀念的發展趨勢和總體特徵，以確定其在中國文學思想發展始終的歷史地位。[25]」該書梳理西漢各階段之政局狀況、社會思潮與士人心態，揭示它們與當時的文學創作及文學觀念間的聯繫。全書七章分別探討了從高祖至呂后時期、文景時期、武帝時期到西漢後期，幾個不同階段文風的演變及文學思想的形成。其中三個章節特別探討了漢初士人心態、武帝時期士人心態以及西漢後期政治、經學衰變下士人的心態及變化。作者看出「在道、儒嬗變的政治文化背景下，西漢的文學創作和文學觀念也隨之浮沉」，其對西漢士人由文化傳統及當代社會，尤其政治文化經濟等外緣因素所導致的「心態」，詮釋十分深入，作者在文中揭櫫漢初士人進取用士、與政權趨同的心態，而漢武帝劉徹在位的半個世紀，則是西漢文學思想發展的第二

---

[24] 張峰屹：《西漢文學思想史》（台北：臺灣商務印書館，2013年），358頁。
[25] 張峰屹：《西漢文學思想史》，頁1。

個重要時期，本期一改漢初以來以黃老思想為主的格局，開啟了「罷黜百家，獨尊儒術」的新階段，引領我們深入思考武帝時期獨尊儒術的政治文化政策，不能僅從字面上去理解，而應去關注其在政治上附庸與文飾地位。作者細膩的分析有助於我們對於此一時期士人地位進行重新的檢視，特別是對先秦儒學進行改造，為漢武帝中央集權的大一統帝國提供理論根據的儒學大師董仲舒，這對他在政治生涯上的不如意或可提供部分解釋。因此張氏該書扼要詳實地勾勒出這段時期士人心態與文學創作、文學觀念的大致風貌，極具參考價值。然而本書畢竟是以西漢文學思想史為主題，對於漢代士人如何將現實處境與其生命觀融攝在其作品當中，未能有更深入的探討，但這種不將作品孤立在時代背景及作家現實處境之外，而「從文化思想史或經學史、政治及社會史、文學批評史、文學史之與文學思想史之間，彼此交涉、相互辯證」[26]的作法，是本書擬欲效尤的方向。

　　另一類研究成果則針對文治武功臻於全盛的武帝時期，為何連時代性的代表人物亦有「士不遇」之作，來探究其背後的文化背景，普遍將原因歸結於大一統專制制度的確立，認為這

---

26 張峰屹：《西漢文學思想史》，顏崑陽〈序〉，頁13。

些作品與「皇權膨脹從而引起的士的地位變化有關，也與文人以儒家思想為指導，大多有著強烈的社會參與意識有關」[27]，或是主張「士人的不遇是漢代大一統專制社會必然產物，同時也是漢代辭賦中悲士不遇主題產生的基礎」[28]，加上武帝朝以經術取士，諸多通一經或數經的士人地位顯赫，至於不通經術的文學之士，如東方朔等人，「在政治上毫無前途可言，根本沒有一展『治平』鴻圖的機會」[29]。

即便在文學作品中抒發不遇之感並非單一現象，此現象的確也反映深刻的社會或政治因素，導致此一文學主題的凸顯，但是過於強調大一統政局中皇權的膨脹造成士階層地位的下降，將此視為士人不遇之主要、甚至是唯一的因素，致使士人具個別性差異的人格特質因此被忽略，[30]對於這些士人，欲了解其生命情境，應該更進一步去探討他們之所以懷有不遇之感

---

[27] 李青：〈西漢「士不遇」文學主題的凸顯及其成因〉，《世紀橋》，第8期，2008年7月，頁91。

[28] 張曉紅：〈論漢代辭賦中悲士不遇主題的成因〉，《青海師專學報》，第4期，2004年，頁29。

[29] 劉夏輝、韓霞、商光鋒：〈論西漢『士不遇』文學主題的凸顯及其成因〉，第14卷第2期，2008年3月，頁155-156。

[30] 顏崑陽便認為，在看待這些「士不遇」的悲劇，可以做「感性的同情」，但是若做理性的批判，「則不能不去檢驗文人在才性上所做之具體的表現，是否與其自許之理想不相適應？然後才能判斷此一悲劇在政教上是否具有客觀性、實質性之意義。」〈論漢代文人『悲士不遇』的心靈模式〉，頁241。

的「個人」因素，而不是單純地將他們的際遇歸咎於權臣排擠、政亂理昧，或大一統時代下普遍的士權難伸，尤其相較於他們的不遇，那些所謂「遇」者難道皆是曲學阿世之徒？還有他們在作品背後的現實人生，又是如何消解所謂的不遇之悲？如何找到安身立命的途徑，實踐自我人生價值？如果不回歸到上述這些背景進行較為通盤且全面的探討，這些問題勢將無法得到更具體細緻的解決。

是故，欲豁顯西漢初期到武帝朝士人處境及士不遇作品，不能僅侷限在「點」的討論，應將視角延展至「面」的層次。必須超越以往幾乎僅從文學作品立論的視域，對整個時代背景、學術思潮、政治局勢、朝廷用人策略應有更為全面的掌握。再者，《史記》、《漢書》所提供的史料素材自不待言，史家對於賦家賦作的評論觀點，往往具有深刻的開創意義。[31]特別是子書與史書均具備一大特質，即在於廣泛回應時代議題，並且給予一家之言的評騭，當中也存在十分鮮明的承繼性，往往可在前代學者學說中找到源頭，在既有的基礎上又能有所創發，給予後代學者不盡相同的影響，這些都是不應被斷

---

[31] 例如踪凡《漢賦研究史論》第一章即針對司馬遷對於漢賦的評論及研究給予高度的肯定，文中討論了司馬遷對漢賦作品的解讀及其基於史家立場的漢賦觀。見氏著：《漢賦研究史論》(北京：中國人民大學出版社，2016年)，頁48-61。

然切割的素材,透過史料呈現當時的背景及重大議題,方能在前人研究成果上有所突破,獲得更為全面的觀照。準此,本書各章將從以下幾個面向進行較為深入的探討。

第三節　討論範圍及各章開展

盱衡當前的研究成果,以漢代「士不遇」為題的相關論著雖然不少,但多將主題設限在單一士人及作品上,或僅著眼於作品的藝術特徵或寫作技巧,將研究對象孤立化,未能置於廣袤的時空背景進行更為深入的討論,當然也有針對漢代「士不遇」現象的產生以及士人不遇的原因進行較為宏觀的分析,但大多僅將原因單純歸咎於大一統專制皇權對士人的壓抑,然而士人的不遇之感實與武帝時代用人政策具有相當程度的關聯,此部分不應被忽略。

漢代士人普遍懷抱積極的入世精神,然而對於絕大多數的士人而言,並非得到君主賞識便稱之為「遇」,而是要以不違背傳統道德規範,不委屈犧牲自我人格為前提,誠如董仲舒〈士不遇賦〉所云:「嗟天下之偕違兮,悵無與之偕返。孰若返身於素業兮,莫隨世而輪轉。雖矯情而獲百利兮,復不如正心而歸一善」,寧可終身不遇,也不願妥協與濁世同流合汙。

如果時代情勢、君主好惡、朝廷用人政策是造成遇或不遇的客觀因素的話,士人自身之人格特質、價值準則、處事態度則構成了主觀因素,此部分亦需共同斟酌,以此來思考他們在現實中何以會有如此遭遇。此外,道家的樸素自然生命觀[32]與儒家的倫理價值始終支配古代生命意識,此一時期士人對於儒道思想分別進行哪些吸收與取捨,以作為他們立身處世的理論依據,值得更進一步的探討。

本書以西漢初到漢武帝時期為討論範圍,由於漢代文學遇與不遇主題的產生與士人地位的歷史性變化密切相關,本書第二章擬先探討漢初諸侯王養士之風及文士集團的形成,以明漢初游士之風下士人的處境,進而探究從天下游士到一主之臣的轉變歷程,再就此一時期賈誼與嚴忌之不遇作品進行討論。接下來的四章焦點集中在武帝一朝,除了剖析當時的政治環境、學說思潮、武帝用人策略、君主用人心態等外緣因素外,將針對上述《漢書・公孫弘卜式兒寬傳》等兩則引文來分析武帝時

---

[32] 不同於儒家以道德為本位的生命觀,道家的生命觀指向個體生命。道家高揚重生旗幟,要人重生、貴生,但又清醒的道出人是無可逃於天地的有限存在,死亡是人人不可違逆的結局,目的在使人更加明白生命的有限性與可貴性,再從自然的視角切入,以一氣之聚散詮解生命現象,來消彌死生界線,一切都是氣化流行下的自然歷程。如何使生命因循自然規律,避免斲傷,自然而然地圓成其歷程,是道家對待生命的基本態度。

期士人任用情況，將當中士人進行歸類，分別從四方面來進行
探討：

一、公孫弘、兒寬，兩人出身布衣，搖身居三公之位，明
於文法，通於世務，在當時成為士人以術取位的典型。他們何
以能有此等人生際遇？又為何分別獲得「曲學阿世」（《史
記·儒林列傳》）及「以稱意任職，故久無有所匡諫於上，官
屬易之」（《史記·公孫弘卜式兒寬傳》）之評價？

二、有「一代鴻儒」之稱的董仲舒，乃當時著名的經學大
師，更是武帝罷黜百家、獨尊儒術的關鍵人物，朝廷立學校之
官，州郡舉茂材、孝廉等決策，皆由其所倡議，但現實上卻始
終未獲重用，著有〈士不遇賦〉。特別是公孫弘和董仲舒同樣
傳習《春秋》公羊之學，且「公孫弘治《春秋》不如董仲舒」
（《史記·儒林列傳》），《史記》亦云董仲舒學品俱優於公
孫弘，但武帝卻重用公孫弘，而董氏卻終生未能顯達，如此遭
遇除了公孫弘的讒陷之外，兩人學說思想傾向、人生價值觀及
人格特質的差異，都應再與武帝用人政策相參酌。

三、武帝即位之初廣徵「天下方正賢良文學材力之士」
（《漢書·東方朔傳》），東方朔以文武通才，「可以為天子
大臣」（《漢書·東方朔傳》）的自信自我舉薦，武帝對其才
華亦頗為賞識，除了言語侍從的角色外，東方朔亦如同諫臣，

對於武帝施政得失多所指陳，針對時弊提出不少匡正之道，但卻被武帝閒置為郎，見視如倡，始終未獲重用。與其同時的枚皋亦是同等命運。將針對東方朔生平行事、作品特色、人格特質的討論，來理解其不遇之感，及其何以未獲重用之因。

四、一代史家司馬遷，以史家之眼觀察並記錄了眼下的輝煌時代，同時更是盛世下極為慘烈的受害者，因替李陵辯護下獄後遭宮刑，可謂其人生最大的災難，他的〈悲士不遇賦〉所寄託的強烈身世之感自不待言，〈報任安書〉更是在生命遭遇極度摧殘之後，以血淚鑄造而成的至情之文，是了解司馬遷學術思想、《史記》寫作過程、受刑始末不可忽略的重要史料，從中更深刻反映出在高度皇權下，士人動輒得咎，或受刑遭辱，甚遭誅殺滅族的嚴峻處境。歷來論及司馬遷之人生際遇，多以李陵事件對其寄予無限的同情，相較於《史記》僅以寥寥約兩三百字簡約提及此事，《漢書》則有頗為詳盡的記載，箇中細節值得深究，對此，將嘗試透過《史記》、《漢書》敘事差異的比較，剖析漢武帝對李陵事件的處理方式，檢討司馬遷之所以慘遭如此橫禍背後的關鍵因素，及其正義感背後身為人臣應有的應對之道，期能以更理性客觀的視角來探討司馬遷的人生際遇。

　　除了從西漢初期以來之時代背景、學術思想、士風演變等大處立論，來關注士人與「歷史情境的互動」，[33]將更著重在士人的個性氣質的深入探討。最後尋繹他們在牢騷憂怨之後，如何面對個人生命的困境，尋求安頓超脫之道，透過歷時性與共時性的角度，剖析西漢中期以前士人處境及士不遇主題之作，進而抉發此議題在文學史上的意義。

---

[33] 此說援引自林聰舜：《漢代儒學別裁——帝國意識形態的形成與發展》（台北：臺大出版中心，2013年），頁13之注47。

第二章　西漢初期士人處境及士不遇之作

　　漢興之初海內新定，新興王朝秩序尚待建立，政治上以休養生息為要，此時戰國時期各家學說仍具影響性，[1]思想文化呈現多元的面貌，士人往往不為一家思想所限，再者挾書之律的廢除使百家之書得以流通，為士人提供豐富思想的材料。

　　漢初懲亡秦孤立之敗大封子弟功臣，致使藩國並起，隨著藩國勢力日益發展，隱隱與漢廷抗衡，為了蓄積自身實力，諸侯王積極招聚賢才，全然不同於秦代對游士的反感與打擊，藩國賓客之盛，為士人營造了與春秋戰國時期相似的活動空間。或以激揚名聲，形成學術中心，如河間獻王劉德、梁孝王劉武；或藉此擴充勢力，對皇權蠢蠢欲動，如吳王劉濞、淮南王劉安。其門下之士人或為文辭賦，或遊說獻計，依附於藩國諸侯在當時形成一種特殊的文化景觀，此時士人尚有諸侯之門可以遊走，政治壓力相對較小，個體生命保有一定的自由，一般

---

[1]　有學者即指出：「漢初百家之學，除名、墨未見代表的思想人物以外，各家還有相對的勢力，尤其是道、法、陰陽、縱橫家言，尚相對的顯於漢廷與郡國之間。當時王國勢力的強大也在客觀上促進了子學的活躍。」見侯外廬、趙紀彬、杜國庠、邱漢生著：《中國思想通史》(第二卷)，(上海：人民出版社，1957年)，頁56-57。

認為從漢初到景帝末年，無論是中央或藩國，士人群體呈現出一片昂揚進取的風貌，整體觀之反映出士人對自身處境的滿意。[2]不過還是存有對己身際遇感到不滿，透過弔屈傷己或悲時憫世，來抒發不遇之感的作品，主要以中央士人賈誼與藩國士人嚴忌為代表。本章首先論述西漢初期諸侯王養士之風及文士集團形成之背景，以明在漢初游士風尚流行下士人整體處境，再就賈誼與嚴忌及其不遇之作進行討論。

第一節　漢初游士風尚之興衰

考察漢初藩國地文學發展的背景，是深入理解此一時期士

---

[2]　李炳海即指出，從漢初到景帝末年「從總體上看，這個時期的文學作品在表現人生遇與不遇的主題時，主要突出君臣遇合的一面，反映出士人對自身處境的滿意。漢初招攬文士的諸侯王以梁孝王劉武、淮南王劉安最為著名，表現士人與明君遇合的作品，也主要出自這兩位諸侯王那裡。……因為梁王好士，許多賢能都受到禮遇，君臣相得，其樂融融。」文中討論梁園文士枚乘的〈柳賦〉、鄒陽〈酒賦〉、路喬如的〈鶴賦〉、公孫詭的〈文鹿賦〉、鄒陽代韓安國所作之〈几賦〉，皆以象徵的表現方式寓託賢臣遭逢明主的喜悅，這些作品表現出梁園文人自得心態，他們感到自己與明主遇合，沒有任何失意和悵惘。另又援舉相傳為淮南王劉安所作的〈屏風賦〉，以該篇可與梁園文人的詠物賦相互印證，認為上述這些作品都是漢初文人幸遇心態的真實寫照。見氏著：《漢代文學的情理世界》（長春：東北師範大學出版社，2000年），頁43-45。

人處境的重要參考。高祖劉邦為鞏固政權,廣封同姓諸侯王,他們多領有廣大封地,跨州兼郡,連城數十,甚至與京師同制,據《漢書·諸侯王表》所載:

> 漢興之初,海內新定,同姓寡少,懲戒亡秦孤立之敗,於是剖裂疆土,立二等之爵。功臣侯者百有餘邑,尊王子弟,大啟九國。自鴈門以東,盡遼陽,為燕、代。常山以南,太行左轉,度河、濟,漸於海,為齊、趙、穀、泗以往,奄有龜、蒙,為梁、楚。東帶江、湖,薄會稽,為荊吳。北界淮瀕,略廬、衡,為淮南。波漢之陽,互九嶷,為長沙。諸侯比境,周匝三垂,外接胡越。……而藩國大者夸州兼郡,連城數十,宮室百官,同制京師,可謂矯枉過其正矣。[3]

漢廷對待藩國政策相當開放,給予藩王極大的政治權力,如高祖之子淮南王劉長,「不用漢法,出入警蹕,稱制,自作法令,數上書不遜順」(《漢書·淮南衡山濟北王傳》),枚

---

[3] 〔漢〕班固撰;〔唐〕顏師古注;楊家駱主編:《漢書》(台北:鼎文書局,1986年),頁393。本章所引之《漢書》皆以此版本為據,以下僅注篇名,不再另注版本出處。

乘曾描述當時的吳國「有諸侯之位,而實富於天子。有隱匿之名,而居過於中國」(《漢書・賈鄒枚路傳》),又如梁國「多作兵器弩弓矛數十萬,而府庫金錢且百鉅萬,珠玉寶器多於京師」(《漢書・文三王傳》),上述史料反映出漢初藩國強大的政經實力,具備豐厚的物質基礎以募士養士。

漢初諸侯王仿效戰國時期招致賓客擔任藩府策士的作法,使各方士人樂於奔走效力,蔚為一時風氣。其中分封的同姓藩王中有不少雅好文學者,《漢書・楚元王傳》記載元王劉交「好書,多材藝。少時嘗與魯穆生、白生、申公俱受詩於浮丘伯。丘伯者,孫卿門人也,……元王好《詩》,諸子皆讀《詩》。申公始為《詩傳》,號魯詩,元王亦次《詩傳》,號曰元王詩。」劉交本身即是漢初重要之儒學傳人,他曾自作詩傳,其藩國更是漢初詩學研究中心。又如《鹽鐵論・晁錯》所載:「淮南、衡山修文學,招四方遊士,山東儒、墨咸聚於江、淮之間,講議集論,著書數十篇。[4]」具有時代性及地域色彩的藩國文學隨之興起,[5]其中以吳王劉濞、梁孝王劉武、

---

4 〔漢〕桓寬著;王利器校注,《鹽鐵論校注》(北京:中華書局,1954年),頁9。

5 藩國文學形成之背景及特色,可由許結此說進行概括:「漢初形成之藩國文學有三個特徵:其一,劃地封疆決定了藩國文學因承先秦文化的地域特點;其二,戰國養士之風的復起,出現了以藩

淮南王劉安以及河間獻王劉德所聚集之藩國士人群體最為著名。劉邦之侄吳王劉濞曾聚集大批縱橫遊說之士，據《漢書》記載：

> 漢興，高祖王兄子濞於吳，招致天下之娛游子弟，枚乘、鄒陽、嚴夫子之徒興於文、景之際。而淮南王安亦都壽春，招賓客著書。（〈地理志〉）

> 漢興，諸侯王皆自治民聘賢。吳王濞招致四方游士，（鄒）陽與吳嚴忌、枚乘等俱仕吳，皆以文辯著名。久之，吳王以太子事怨望，稱疾不朝，陰有邪謀，陽奏書諫。為其事尚隱⋯⋯是時，景帝少弟梁孝王貴盛，亦待士。於是鄒陽、枚乘、嚴忌知吳不可說，皆去之梁，從孝王游。（〈賈鄒枚路傳〉）

吳王劉濞門下有以文辯著名者如嚴忌、鄒陽、枚乘等輩，使吳地文學盛極一時。只是這股分封之勢，對於剛建立的一統

國政治文化為中心的作家隊伍；其三，由於漢初諸侯國設置不盡按先秦古國舊址，其文士多具戰國縱橫家遊說之風，故其作家與文學又表現出流動性。」見氏著：《漢代文學思想史》（北京：人民文學出版社，2010年），頁79。

王朝雖然發揮鞏固作用，但也為日後埋下藩國橫逆自主的危機，其後吳王劉濞驕奢淫逸，在其領地依海煮鹽，自鑄錢幣，與中央朝廷的矛盾日益尖銳，吳王「以太子事怨望，稱疾不朝，陰有邪謀」（《漢書・賈鄒枚路傳》），為此枚乘、鄒陽均曾上書勸諫，然而吳王不納其言，是時「景弟少弟梁孝王貴盛，亦待士。於是鄒陽、枚乘、嚴忌知無不可說，皆去之梁，從孝王游」（《漢書・賈鄒枚路傳》）。據《漢書・文三王傳》所述，在七國叛亂中，梁孝王拒吳、楚有功，深獲文帝與竇太后寵幸，梁得以「居天下膏腴之地」，受「賞賜而不可勝道」，於是「孝王築東苑，方三百餘里，廣睢陽城七十里，大治宮室，為復道，自宮連屬於平臺三十餘里。得賜天子旌旗，從千乘萬騎，出稱警，入言蹕，擬於天子」，梁遂為大國。梁孝王雅好文學，加上梁國位處天下膏腴之地，府庫金錢百鉅萬堪比京師，雄厚的經濟條件促使各方豪傑群聚於此，其中文士的流動造成藩國文學由吳轉而興盛於梁，形成梁園作家集團，《漢書・文三王傳》記載：

> 自山東游士莫不至：齊人羊勝、公孫詭、鄒陽之屬。
> 公孫詭多奇邪計，初見日，王賜千金，官至中尉，號曰公
> 孫將軍。多作兵弩弓數十萬，而府庫金錢且百鉅萬，珠玉

實器多於京師。

　　由上可知當時梁孝王門下匯聚了一批傑出的文士，他們援筆成文，談吐為章。除了轉投而來的鄒陽、嚴忌、枚乘外，司馬相如、公孫詭、羊勝、公孫乘、路喬如等皆是主要成員，史籍中對於梁園雅集遊藝之事多所記載，[6]梁孝王文人群體所傳世的賦作最多，足以想見當時創作的盛況。

　　此外，根據《漢書‧淮南衡山濟北王傳》所載，劉長之子淮南王劉安為人「好書，鼓琴，不喜弋獵狗馬馳騁，亦欲以行陰德拊循百姓，流名譽。招致賓客方術之士數千人。作為內書二十一篇，外書甚眾，又有中篇八卷，言神仙黃白之術，亦二十餘萬言」，《淮南子》一書即是其組織門客共同編寫而成，根據高誘《淮南鴻烈敘目》所記，「安為辨達，善屬文。……天下方術之士多往歸焉。於是遂與蘇飛、夜尚、左吳、田由、雷被、毛被、伍被、晉昌等八人，及諸儒大山、小山之徒，共

6　《西京雜記‧卷四》：「梁孝王遊於忘憂館，集諸士，使各為賦。枚乘為〈柳賦〉，路喬如為〈鶴賦〉，公孫詭為〈文鹿賦〉，鄒陽為〈酒賦〉，公孫乘為〈月賦〉，羊勝為〈屏風賦〉，韓安國作〈几賦〉不成，鄒陽代作，各罰斗三升，賜枚乘，路喬如絹各五匹。」見〔晉〕葛洪撰；周天游校注：《西京雜記》（西安：三秦出版社，2006年），頁191。

43

講論道德，總統仁義，而著此書。[7]」上述淮南八公與諸儒大山、小山均為劉安之臣僚門客，為《淮南子》的主要撰寫人員，劉安本人亦博學能文，該書雖由蘇飛等輩分纂，最後應由劉安自總其成，能完成此一鴻篇鉅製，足見其門下文士雲集及文風熾盛。

至於景帝之子河間獻王劉德，據《漢書・景十三王傳》記載：

> 修學好古，實事求是。從民得善書，必為好寫與之，留其真，加金帛賜以招之。繇是四方道術之人不遠千里，或有先祖舊書，多奉以奏獻王者，故得書多，與漢朝等。是時，淮南王安亦好書，所招致率多浮辯。獻王所得書皆古文先秦舊書，周官、尚書、禮、禮記、孟子、老子之屬，皆經傳說記，七十子之徒所論。其學舉六藝，立毛氏詩、左氏春秋博士。修禮樂，被服儒術，造次必於儒者。山東諸儒者從而游。

劉德好儒學、修禮樂，廣泛從民間蒐羅善書，並為之繕寫

---

[7] 劉文典：《淮南鴻烈集解》（北京：中華書局，2013年），頁2。

以留其真，民間人士持有先祖舊書者多能獻予劉德。諸多先秦古文經書，諸如《周官》、《尚書》等皆是因劉德而得以傳播，此舉對於漢初儒學的推動貢獻重大，山東諸儒多從而游。此外，《史記‧五宗世家》引西漢杜業之奏也說：「河間獻王經術通明，積德累行，天下雄俊眾儒皆歸之。[8]」從漢代初年到武帝即位初期，此一時期文化思想獨立，諸侯王傾心養士，使游士階層在藩國之中再次尋得容身之所，其薈萃逞才，進而促使文學的蓬勃發展。這些人遊走於諸侯王之門，依附其政治權勢與經濟實力，除了文學表現之外，同樣扮演著縱橫家策士的角色。鄒陽、枚乘、嚴忌等本為吳王謀臣，勸諫吳王不成後轉從梁孝王游；羊勝、公孫詭兩人善屬辭賦，共同為梁孝王謀劃，梁孝王曾因圖謀漢嗣等事，遭爰盎等人反對而懷恨在心，「乃與羊勝、公孫詭之屬謀，陰使人刺殺爰盎及他議臣十餘人」（《漢書‧梁孝王劉武傳》），結果刺殺袁盎事敗，羊勝、公孫詭自殺，梁孝王恐禍延至身，「深辭謝之，齎以千金，令求方略解罪於上者」（《漢書‧賈鄒枚路傳》），為此鄒陽替其出謀獻計，歷問天下終而排難救險。他們或以文勸

---

8   裴駰《史記集解》所引之《漢名臣奏》。見〔漢〕司馬遷撰；
     〔劉宋〕裴駰集解；〔唐〕司馬貞索隱；〔唐〕張守節正義：
     《史記》（台北：鼎文書局，1981年），頁2094。本章所引之
     《史記》皆以此版本為據，以下僅注篇名，不再另注版本出處。

諫，或效命奔走，言事頗有戰國游士遺風，此時去戰國未遠，戰國士人平交於王侯，活躍於政治舞台的形象，以及禮賢下士，王者不及士貴的傲岸之言，在西漢初再次重現，如梁孝王當時招延四方豪傑，各地游士紛紛而至，「公孫詭多奇邪計，初見日，王賜千金，官至中尉，號曰公孫將軍」（《漢書·梁孝王劉武傳》），甚至梁孝王入京朝會景帝，也帶著鄒陽、枚乘、嚴忌等人，此等禮敬尊寵游士之舉，使本來擔任景帝武騎常侍的司馬相如「見而說之，因病免，客游梁，與諸侯游士居」（《漢書·司馬相如傳》），此一時期士人與主上之間嚴格的分際尚未確立，與諸侯王多以利相合，合則留，不合則去，具有選擇的自主性，思想及言行更是自由獨立。

這股養士之風不僅盛行於藩國之間，朝中權臣顯要亦不乏藉由養士來壯大個人聲勢，高祖時陳豨以趙相國監趙、代之地，其少時「常稱慕魏公子，及將守邊，招致賓客。常告過趙，賓客隨之者千餘乘」（《漢書·韓彭英盧吳傳》）」景帝時竇嬰頗「喜賓客，……封為魏其侯，游士賓客爭歸之」（《漢書·竇田灌韓傳》），與其總是互相傾軋的田蚡亦好養士，《漢書·竇田灌韓傳》載：「蚡新用事，卑下賓客，進名士家居者貴之，欲以傾諸將相。上所填撫，多蚡賓客計策」，田蚡當時「雖不任職，以王太后故親幸，數言事，多效，士吏

趨勢利者皆去嬰而歸蚡，蚡日益橫」。隨著竇嬰失勢，追逐權勢私利的士人轉而依附田蚡，可見當時士人遊走之自由。此外，位列九卿的鄭當時以任俠自喜，「常置驛馬長安諸郊，請謝賓客，夜以繼日，至明旦，常恐不徧。……當時為大吏，戒門下：『客至，亡貴賤亡留門者。』執賓主之禮，以其貴下人。」（《漢書‧張馮汲鄭傳》），其禮數極盡周全，深恐怠慢賓客。又如起於徒步的公孫弘，「數年至宰相封侯，於是起客館，開東閣以延賢人，與參謀議。……故人賓客仰衣食，奉祿皆以給之，家無所餘」（《漢書‧公孫弘卜式兒寬傳》），在上述這樣的時空環境下，士人可自主遊走於朝廷、藩國及私門之間，或貢獻其計，以求顯達；或一展抱負，實踐理想。

只是權貴門下濟濟多士逐漸引發關注與反感，自文、景以來海內清晏，心懷二志的諸侯與其門下謀略之士的結合，日益彰顯出與中央集權間的矛盾，朝廷著手削減諸侯王勢力，文帝時賈誼的「眾建諸侯而少其力」及景帝時晁錯所執行的削藩令，均未能有效處理，甚而引發七國之亂。武帝時期，諸侯國勢力日益強大，「諸侯或連城數十，地方千里，緩則驕，易為淫亂；急則阻其強而合從，謀以逆京師」（《史記‧平津侯主父列傳》），對於皇權構成高度威脅，甚有取而代之的態勢，中央對於私門養士欲除之而後快，《漢書‧衛青霍去病傳》記

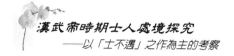

載，蘇建曾對大將軍衛青進行勸說：「大將軍至尊重，而天下之賢士大夫無稱焉，願將軍觀古名將所招選者，勉之哉！」青謝曰：「自魏其、武安之厚賓客，天子常切齒，彼親待士大夫，招賢黜不肖者，人主之柄也。人臣奉法遵職而已，何與招士！」蘇建對於衛青地位尊顯，卻未能受到天下賢士讚譽提出解方，建議他應該比照古代名將招睞士人，衛青記取魏其侯（竇嬰）、武安侯（田蚡）厚待賓客之教訓，拒絕招賢攬士，堅守人臣當遵法奉職，謹守本分的立場，文中的「天子常切齒」反映出漢武帝對於私門養士的痛恨。因此為鞏固大一統政治秩序，武帝以積極的手段處理諸侯問題，採主父偃之計頒行推恩令，「使諸侯王得分戶邑以封子弟，不行黜陟，而藩國自析」（《漢書・諸侯王表》），此後「大國不過十餘城，小侯不過十餘里」，藩國勢力大為削弱，成功抑黜諸侯王及養士之風，進而剷除了士人自由遊走的空間，在無處可遊的情況下，加上武帝施行察舉、徵召、興太學、置五經博士等招募與培育人才的措施，使原本分散在地方的人才逐步匯集至中央，士人最終只能走向朝廷，一心為中央政權效力。

第二節　中央士人的不遇之感——賈誼及其〈弔屈原賦〉、〈鵩鳥賦〉

　　西漢士人首先以不遇為創作主題寄託身世之感者為賈誼，其為西漢初期傑出的政論家與思想家，在文學上亦有極高的表現，年十八以能述誦《詩》、《書》及善於文章揚名郡中，獲河南守吳公所賞識而召至門下。漢文帝即位後因吳公治理河南郡政績優良，便下詔晉升他赴京擔任廷尉之職，在吳公的推薦下賈誼同受徵召，後獲文帝任命為博士，負責掌理古今史事待問及書籍典守。二十出頭即踏上仕途，實可謂少年得志，憑藉其卓越見識深受文帝的賞識，《漢書‧賈誼傳》對其才學出眾有著如下的記載：

　　　　是時賈生年二十餘，最為少。每詔令議下，諸老先生
　　不能言，賈生盡為之對，人人各如其意所欲出。諸生於是
　　乃以為能，不及也。孝文帝說之，超遷，一歲中至太中大
　　夫。

　　在朝中賈誼年紀最輕，但在議政上已有亮眼傑出的表現，故獲文帝破格拔擢，一年之內升上太中太夫，諸多法令規章之

制定，皆由其所倡議，賈誼對於政治具有高度的敏銳性，然因
升遷過速加上力倡改革，引發朝中老臣及權貴的不滿，故當文
帝欲進一步讓他任公卿之位時，引發丞相絳侯周勃、灌嬰、東
陽侯張相如、御史大夫馮敬等權貴重臣的排擠，相較於賈誼的
少年得志，元老重臣周勃、灌嬰出身寒微，靠著當年追隨高祖
劉邦南征北戰立下戰功，方得成為漢初開國元勛，文帝執政時
兩人年事已高並居功自傲，對於文帝欲拔擢賈誼，以「雒陽之
人，年少初學，專欲擅權，紛亂諸事」（《漢書·賈誼傳》）
為由強加反對。此外，文帝寵臣鄧通也在文帝面前誣陷賈誼，[9]
導致文帝「後亦疏之，不用其議」，漢文帝三年（公元前177
年），賈誼出任長沙王吳差的太傅，才華洋溢的賈誼本欲輔佐
文帝有所作為，然在朝僅一年多的時間，卻因朝臣排擠而從天
子身旁的近臣貶黜為異姓諸侯小國的太傅，賈誼對於自身處境
甚感失望，於是寫下〈弔屈原賦〉以抒胸懷。

　　據《史記·賈生列傳》記載：「賈生既辭往行，聞長沙
卑濕，自以為壽不得長，又以適去，意不自得。及渡湘水，為

9　董治安以《文選·弔屈原文》李善注引應劭《風俗通》：「賈誼
　與鄧通俱侍中，同位，數廷譏之，因是文帝遷為長沙太傅。及渡
　湘水，投弔書曰闒茸尊顯，佞諛得意，以哀屈原離讒邪之咎，亦
　因自傷為鄧通等所惡也。」董氏認為以上所記，雖不見於
　《史》、《漢》，當不無根據。見氏著：《兩漢文獻與兩漢文
　學》（上海：上海古籍出版社，2003年），頁207。

賦以弔屈原」,〈弔屈原賦〉乃其途經湘水,感慨屈原自沉際遇,反觀自身同樣信而見疑,忠而被謗,因而為文敬弔,既追念屈原,亦以自哀,〈弔屈原賦〉:

> 恭承嘉惠兮,俟罪長沙;側聞屈原兮,自沉汨羅。造託湘流兮,敬弔先生;遭世罔極兮,乃殞厥身。嗚呼哀哉!逢時不祥。鸞鳳伏竄兮,鴟梟翔翔。闒茸尊顯兮,讒諛得志;賢聖逆曳兮,方正倒植。世謂隨、夷為溷兮,謂跖、蹻為廉;莫邪為鈍兮,鉛刀為銛。吁嗟默默,生之無故兮;斡棄周鼎,寶康瓠兮。騰駕罷牛,驂蹇驢兮;驥垂兩耳,服鹽車兮。章甫薦屨,漸不可久兮;嗟苦先生,獨離此咎兮。[10]

　　賈誼以尖銳沉痛之語,剖析造成屈原悲劇結局的原因在於「遭世罔極」與「逢時不祥」,透過對比表達其對於當時價值觀的錯置以致賢愚不分、是非顛倒的憤慨,表面上站在屈原的

---

[10] 本處所引之〈弔屈原賦〉,以《全漢賦》為據,蓋《全漢賦》所輯校之〈弔屈原賦〉,以《文選》李善本第六十卷所錄為底本,以五臣本、六臣本、《史記‧屈原賈生列傳》、《漢書‧賈誼傳》、《藝文類聚》卷四十為校本。見費振綱、胡雙寶、宗明華輯校:《全漢賦》(北京:北京大學出版社,1993年),頁8-11。以下不再另注版本出處。

立場批判楚國的黑暗，實則藉由傷悼屈原，痛陳己身所遭受的不平待遇。文中凸顯其對「時」的省思，他有感自己雖胸懷壯志，亟欲創新改革，但卻與當時朝廷及時代氛圍相抵觸，不禁萌發「逢時不祥」的感慨。再從屈原投江，體悟到生命的可貴及有限，引發既不見容於當世，何不隱避以自保全身的思考：

> 已矣！國其莫吾知兮，子獨壹鬱其誰語？鳳縹縹其高逝兮，夫固自引而遠去。襲九淵之神龍兮，沕淵潛以自珍；偭蟂獺以隱處兮，夫豈從蝦與蛭螾？所貴聖之神德兮，遠濁世而自藏；使麒麟可係而羈兮，豈云異夫犬羊？般紛紛其離此尤兮，亦夫子之故也。歷九州而相其君兮，何必懷此都也？鳳凰翔於千仞兮，覽德輝而下之。見細德之險徵兮，遙增擊而去之。彼尋常之汙瀆兮，豈容吞舟之魚。橫江湖之鱣鯨兮，固將制於螻蟻。

或許緣於年少，初任為長沙王太傅的賈誼不同於屈原以身殉國的人生抉擇，其對生命價值極為重視，文中以「鳳凰」、「神龍」、「麒麟」、「吞舟之魚」、「鱣鯨」等形象自比，愛憎分明地表示出不屑與奸小之輩同流合汙之志，故欲「自珍」、「隱處」，同時也為屈原的投江深感惋惜，提出「歷九

州而相其君兮，何必懷此都也」的看法，小國既不容忠良之臣，當如翱翔於千仞的鳳凰一般「覽德輝而下之」，合則留，不合則去，人生尚有用武之地，何不遠遊列國？此言看似瀟灑昂揚，內心著實感慨萬千。該賦藉屈子塑造出士不遇之典型形象，在弔古傷今之餘，思想內容上與屈原〈離騷〉一脈相承，藝術形式也直接繼承了〈離騷〉的比興手法和浪漫主義的表述方式，通篇以「兮」字來增強語勢，句句入韻，語調急促淒戾，[11]同時也開啟漢代追悼屈、擬騷的先例。

賈誼與屈原人生際遇實有諸多相似之處，他們都有濃厚的文人性情，以及高貴的品德操守，但是缺乏政治家的特質，不善處理人情世故，更不懂官場手腕，同時關懷眾生，具有強烈淑世理想，當理想抱負不敵殘酷現實而挫敗，又因無法放下眷戀，只能透過創作自傷自憐，抒發怨懟之情。只是屈原忿而擇死，賈誼抑鬱而終，司馬遷《史記》將賈誼與屈原合傳，其立意當在於此。[12]

---

11 顏建華：〈語短情長，辭清意暢——弔屈原賦淺談〉，《安順師專學報》（社會科學版），1994年第3期，頁26。

12 尚永亮曾對屈原與賈誼之意識傾向及兩者在貶謫史上的意義進行如下的比較與論述：「從屈原到賈誼，雖不劇烈但卻清晰地顯示了貶謫文化在執著與超越間游移演進的軌跡，而屈原和賈誼，則有如中國貶謫史上的兩座峰頭，既標志著貶謫士人在生命沉淪過程中不盡相同的人生道路的選擇，也代表了忠奸鬥爭和感士不遇

　　至於〈鵩鳥賦〉作於漢文帝六年（公元前174年），即賈誼謫居長沙後的第三年。《史記・屈原賈生列傳》云：「賈生為長沙王太傅，三年，有鴞飛入賈生舍，止於坐隅。楚人命鴞曰服。賈生既已適（謫）居長沙，長沙卑溼，自以為壽不得長，傷悼之，乃為賦以自廣。」這三年賈誼在政治上幾乎處於閒置的狀態，長沙僻遠卑濕的生活更加重其抑鬱之感，故見鵩鳥入室，假託與鵩鳥問答來排遣疑懼不安，字裡行間再次流露出對於自身不遇的抑鬱及人生無常之憂。誠如《文選・鵩鳥賦》李善注所言：「賈生英特，弱齡秀發，縱橫海之巨鱗，矯沖天之逸翰，而不參謀棘署，贊道槐庭，虛離謗缺，爰傅卑土，發憤嗟命，不亦宜乎？」[13]，其中「發憤嗟命」道出本文

這樣兩種不無區別的主題及其價值和意義。……屈原在本質上更近政治家，他的人格境界更要高遠，他頑強執著，以死抗爭的精神特別突出，因而以他為代表的模式、風範在歷史上的影響遠遠大於賈誼；而賈誼本質上更具有文人的特點，他的人格境界和抗爭精神皆不及屈原，因而他給後人的影響也就相對小一些。但從另一方面，屈原的人格境界和執著精神雖然朗潔高遠、堅毅頑強，但在實際生活中畢竟難以達到，因而不免與多數文人的現實人生有距離；而賈誼儘管自悲自憐，感士不遇，且具有濃郁的超越意向，但與現實人生的關聯卻更為緊密，更具有救濟作用，因而無疑能為眾多掙扎在專制政治壓抑下和生命沉淪中的文人廣泛接受。」見氏著：〈忠奸之爭與感士不遇——論屈原賈誼的意識傾向及其在貶謫史文化史上的模式意義〉，《社會科學戰線》，1997年第4期，頁90-97。

[13] 〔南朝梁〕蕭統編；〔唐〕李善等註：《六臣註文選》（卷十三）鳥獸，〈鵩鳥賦〉，頁255。

寫作動機及主旨所在。文中透過主客問答的方式，藉鵩鳥之口宣揚「禍兮福所倚，福兮禍所伏。憂喜聚門兮，吉凶同域」之理，企圖透過哲理的思考求得內心的寬慰與解脫，他認為天命既不可知，死生禍福亦無法預料，唯有接受齊同生死，隨任自然，此處援引了老莊齊生死、等禍福、忘物我的思想，以道家生不足悅，死不足懼的生命觀作為心靈開脫之道，〈鵩鳥賦〉云：

夫禍之與福兮，何異糾纆。命不可說兮，孰知其極？水激則旱兮，矢激則遠。萬物回薄兮，振蕩相轉。雲蒸雨降兮，錯繆相紛。大專槃物兮，坱圠無垠。天不可與慮兮，道不可與謀。遲數有命兮，惡識其時？且夫天地為鑪兮，造化為工。陰陽為炭兮，萬物為銅。合散消息兮，安有常則？千變萬化兮，未始有極。忽然為人兮，何足控摶，化為異物兮，又何足患！小知自私兮，賤彼貴我；通人大觀兮，物無不可。……釋知遺形兮，超然自喪。寥廓忽荒兮，與道翱翔。乘流則逝兮，得坻則止；縱軀委命兮，不私與己。其生若浮兮，其死若休；澹乎若深淵之靜，氾乎若不繫之舟。不以生故自寶兮，養空而浮；德人

55

無累兮，知命不憂。細故蒂芥兮，何足以疑。[14]

天命不可說，天道不可測，遇與不遇皆是命中注定，唯有與道翱翔，淡泊守貞，才能達到無累無憂的至樂之境，賈誼之後這類抒發不遇之感的作品，大多以道家思想做為開解。畢竟在政治處境與現實生活上均居處劣勢，似乎唯有依託道家順天委命、曠達超然的哲理，方能尋求絲毫寬慰，只是面對現實人生的困厄，賈誼的內心終究無法「澹乎若深淵之靜」，其性格也不具備這種超脫的特質，誠如《史記·屈原賈生列傳》所言：

> 自屈原沉汨羅後百有餘年，漢有賈生，為長沙王太
> 傅，過湘水，投書 以弔屈原。太史公曰：余讀〈離
> 騷〉、〈天問〉、〈招魂〉、〈哀郢〉，悲其志。適長
> 沙，過屈原所自沉淵，未嘗不垂涕，想見其為人。及見賈

---

[14] 本文所引之〈鵩鳥賦〉，以《全漢賦》為據，蓋《全漢賦》所輯校之〈鵩鳥賦〉，以《文選》李善本第十三卷所錄為底本，以五臣本、六臣本、《史記·屈原賈生列傳》、《漢書·賈誼傳》、《藝文類聚》卷九二為校本。見費振綱、胡雙寶、宗明華輯校：《全漢賦》（北京：北京大學出版社，1993年），頁2-7。本文不再另注版本出處。

生弔之，又怪屈原以彼其材游諸侯，何國不容，而自令若是！讀〈鵬鳥賦〉，同生死，輕去就，又爽然自失矣。

司馬遷認為賈誼〈鵬鳥賦〉對人生的探索與生命思考看似超然，實則蘊含著更深層的質疑及憤懣，對於賈誼充滿著深刻的矛盾及不幸的際遇深表同情。漢代賦家對不遇之悲的抒發，相當程度受到屈原的影響，屈原之所以常成為士人所投射的對象，究其原因除了漢朝統治集團好楚聲而加以提倡，屈原離漢世不遠，其生命悲劇廣泛激起漢代士人的共鳴，信而見疑，忠而被謗被視為貞士不遇的典型，賦家對於屈原的同情，即是對於己身的同情。漢代文士中最早與屈原悲劇性格產生連結的正是賈誼，〈弔屈原賦〉、〈鵬鳥賦〉這兩篇騷體抒情之作，在哀傷屈原遭遇的背後，寄託的是更多對自身際遇的感慨，從中汲取自我慰藉的力量，同時呈現出鮮明的個人色彩。

賈誼在長沙滯留四年多，之後文帝再次想起賈誼，召其返回京城，此時灌嬰已死，周勃解甲歸田，人事變動甚大，此次文帝命其擔任梁懷王的太傅，梁懷王劉揖乃文帝鍾愛之幼子，可見文帝對於賈誼的信任與期待，賈誼此次歸來對於朝政依舊極為關心，「數上疏陳政事，多所欲匡建」（《漢書·賈誼傳》），熱切剖析朝廷所面臨的危機，諸如諸侯王「尾大不

掉,末大必折」的矛盾、匈奴日益侵逼導致「天下之勢方倒縣
(懸)」的威脅、社會風俗越制及工商發展所帶來的背本趨
末,同時向漢文帝提出了具體的應對之策,只是文帝並未採
納。文帝十一年(公元前169年),梁懷王墜馬死,賈誼自傷
未盡太傅之責,常哭泣,後歲餘亦死,任梁懷王太傅僅四年光
景,得年三十三。

賈誼以敏銳的歷史意識和超前的政治眼光,洞悉當時天下
和洽背後所潛藏的隱患,在他的代表作《新書》當中遍見其欲
透過施仁義、法先聖、制禮儀、別尊卑、重民本等主張,來落
實鞏固中央集權,實踐長治久安的政治設想,諸多深具代表性
的政論文,反映其一生對於政治的高度關注,他的英年早逝及
坎坷際遇廣泛引起後人同情,儼然成為失意文人的代言者。

第三節　賈誼「不遇」與「未為不遇也」的討論

司馬遷將屈原、賈誼合傳,並援引〈弔屈原賦〉、〈鵬
鳥賦〉入傳,論述賈誼雖少年得志,鋒芒初露便因權臣排擠而
遭主上疏遠,最終走上抑鬱早夭的結局。司馬遷對其年少多聞
與深謀遠慮深表讚賞,敘寫其「才」的背後更多的是對其懷才
不遇的同情,屈、賈二人同傳意味著同樣將賈誼視為「志潔行

廉」、「忠而被謗」的悲劇人物，李商隱〈賈生〉詩中的「可憐夜半虛前席，不問蒼生問鬼神」，「可憐」一詞更為賈誼定下了懷才不遇的歷史形象，然而屈原之悲在於所遇為昏聵的楚懷王、頃襄王，賈誼生在司馬遷筆下處處以「仁」褒揚的明君之朝，何以仍抑鬱不得志？成為歷代文人所討論的議題。

《漢書‧賈誼傳》之贊語，記載劉向對於賈誼的看法，其云：「言三代與秦治亂之意，其論甚美，通達國體，雖古之伊、管未能遠過也。使時見用，功化必盛。為庸臣所害，甚可悼痛。」感慨賈誼通達國體卻懷才不遇，若能「使時見用，功化必盛」。不過班固卻認為「誼亦天年早終，雖不至公卿，未為不遇也。」他不贊同劉向的觀點，也不同於司馬遷極力渲染賈誼際遇之哀，他提出「追觀孝文玄默躬行以移風俗，誼之所陳略施行矣」，認為文帝對於賈誼清靜無為以易風俗等建言已有所實踐，也客觀分析賈誼「欲改定制度，以漢為土德，色上黃，數用五，及欲試屬國，施五餌三表以係單于，其術固以疏矣」，這些為了改革所提出的策略實有其粗疏之處，亦非適合當時政治環境。

檢視《漢書‧賈誼傳》還可找到兩則班固為論證漢文帝對於賈誼建議之採納，並付諸實行的事例，其一為養臣下有節，據本傳記載：「是時，丞相絳侯周勃免就國，人有告勃謀反，

逮繫長安獄治，卒亡事，復爵邑，故賈誼以此譏上。上深納其言，養臣下有節。是後大臣有罪，皆自殺，不受刑。」賈誼曾見周勃獲罪受辱，於是提出「貴大臣之近於主上乎，廉醜禮節以治君子，故有賜死而無戮辱」（《新書・階級》）的建議。另則為建議文帝擴大淮南封地，替梁王立後，以鎮有異心之諸侯，「文帝於是從誼計，乃徙淮陽王武為梁王，北界泰山，西至高陽，得大縣四十餘城；徙城陽王喜為淮南王，撫其民。」後十年文帝崩，景帝即位，發生吳楚七國之亂，結果「西鄉京師，梁王扞之，卒破七國」，賈誼當初建設藩屏，以強守圉之議發揮效益，也因此《漢書・敘傳》予其「吳楚合從，賴誼之慮」的評價。

從班固的角度而論，賈誼只是未能居高位，「未為不遇也」。宋代王安石也有一首七絕〈賈生〉：「一時謀議略施行，誰道君王薄賈生？爵位自高言盡廢，古來何啻萬公卿？」就是站在班固的立場來評判賈誼際遇，他認為自古以來有些人縱使位居高位，但言論主張未曾受到君主重視，士人的「遇」與「不遇」並非取決於名祿爵位。

也有從賈誼自身的角度探究原因，如蘇軾的〈賈誼論〉[15]

---

15 〔宋〕蘇軾撰；〔明〕茅維編；孔凡禮點校：《蘇軾文集》卷四，

首段開門見山表明人要有才非難事，真正困難之處在於如何使自己的才能發揮出來，蘇軾肯定賈誼為王者之佐，但認為他卻不懂得如何施展，蘇軾替其歸納原因，主要在於不明「所取者遠，則必有所待；所就者大，則必有所忍」之理，亦即想要成就遠大的抱負，除了自信與能力之外，更要懂得如何俯下身段及審時度勢，以等待最佳時機，「待」與「忍」乃君子施展抱負前必須經歷的艱苦過程。文中特別剖析文帝與絳侯周勃及灌嬰之間的緊密關係：

> 夫絳侯親握天子璽而授之文帝，灌嬰連兵數十萬，以決劉、呂之雌雄，又皆高帝之舊將，此其君臣相得之分，豈特父子骨肉手足哉？賈生，洛陽之少年。欲使其一朝之間，盡棄其舊而謀其新，亦已難矣。為賈生者，上得其君，下得其大臣，如絳、灌之屬，優遊浸漬而深交之，使天子不疑，大臣不忌，然後舉天下而唯吾之所欲為，不過十年，可以得志。（〈賈誼論〉）

此論客觀陳述了漢文帝之所以不用賈誼之議的重要原因，

（北京：中華書局，1999年），頁105-106。本章所引之〈賈誼論〉皆以此版本為據，以下僅注篇名，不再另注版本出處。

在於這批攻訐詆毀賈誼者不僅只是高祖時的功臣，更是當年平息諸呂之亂擁立文帝登基，且手握重權的朝中大臣，如此深厚的君臣關係相較於初出茅廬的洛陽少年，孰輕孰重自不待言，漢文帝「後亦疏之，不用其議，以誼為長沙王太傅」（《漢書‧賈誼傳》）的作法看似將其外放，但就當時他在朝中受到權臣群起反對的情勢，文帝應已洞悉賈誼不見容於朝中，此舉對於賈誼而言或許已是當下最好的安排，然而賈誼在政治失意後，便常鬱鬱寡歡，自悲自嘆，以至於夭絕，因此蘇軾對他才有不善處窮，「不知默默以待其變，而自殘至此。嗚呼！賈生志大而量小，才有餘而識不足也」（〈賈誼論〉）之評議。

綜觀賈誼一生，弱冠入朝，「超遷，一歲中至太中大夫」（《漢書‧賈誼傳》），又擬被任公卿之位，雖因權臣所毀，外任長沙王太傅，但四年之後「文帝思誼，徵之」，宣室夜談之後文帝更有「吾久不見賈生，自以為過之，今不及也」（《漢書‧賈誼傳》）的讚嘆，迺拜賈誼為其所寵愛之少子梁懷王的太傅，且數問以得失，之所以未能大幅採納其所提出的匡諫之策，關鍵在於當時的時勢，賈誼認為漢興已二十餘年，天下和洽，宜當「改正朔，易服色，法制度，定官名，興禮樂。迺草具其儀法」（《漢書‧賈誼傳》），面對賈誼所奏，文帝「謙讓未遑也」，因為他比誰更清楚當時內有王侯之患，

外有匈奴之擾，法政、禮制、風俗等方面仍延續著秦代以來的積弊，文帝內心深處想必認同賈誼所提之建議，然而文帝更清楚漢朝此時尚處恢復及蓄積能量的階段，毫無大興大革的條件，因此與民休息、政寬人和才是當務之急，其「躬脩玄默，勸趣農桑，減省租賦。而將相皆舊功臣，少文多質，懲惡亡秦之政，論議務在寬厚，恥言人之過失」（《漢書・刑法志》）是在當時情勢之下必須的選擇，對於賈誼之才，文帝識之愛之毋須置疑，但是否盡用其才，為了顧及時勢大局，箇中輕重自當有所取捨，歷史也證明賈誼的遠見卓識，特別是對於諸侯王當大刀闊斧地「眾建諸侯而少其力」，無奈當時的時機根本未臻成熟。由此角度觀之，賈誼所懷之才是無法見容於那個時代的，也因此蘇軾會有「若賈生者，非漢文之不能用生，生之不能用漢文也」之感。

至於賈誼的性格，縱使才高，但對外不懂人情世故，不知權衡輕重，當理想與現實扞格時，因缺乏政治歷練，不明有所待、有所忍的沉潛修為，加上個性敏感多愁，易生憂憤，而「憂傷病沮，不能復振」（〈賈誼論〉），這樣的人格特質註定終將走向抑鬱而終的悲劇結局。當然還是有學者不認同班固

「未為不遇」的說法，[16]特別是賈誼本人對於己身際遇的確是
深感遺憾及不滿，但是上述這些論點也當是在同情賈誼際遇之
餘應有的思考。

第四節　何予生之不遘時——嚴忌及其〈哀時命〉

關於嚴忌之生平，因《史記》、《漢書》未有其傳，史料
疏略故所知甚少，其行狀散見於同時期的賦家傳記之中。據
《漢書・藝文志》所載：「莊夫子賦二十四篇。名忌，吳
人。」他本姓莊，東漢避明帝諱，改稱嚴忌，生年不詳，初仕
吳王劉濞，約與鄒陽、枚乘相當而略長，三人在高后七年（公
元前181年）同時仕吳，這年嚴忌約三十一歲，離開吳國的時
間約在漢文帝后元二年（公元前162年），此時嚴忌約五十
歲，[17]〈哀時命〉當作於梁王門下。本篇純屬騷體，語句風格

---

16 例如龔克昌批評班固以賈誼未為不遇之論「是不符合實際的，是
為以漢文帝為首的最高統治者排斥賈誼做辯解。」見氏著：《漢
賦研究》（濟南：山東文藝出版社，1984年），頁43-44。李炳海
也認為班固此說「是從年齡及所擔當官職來論證賈誼的遇與不
遇，所持觀念是陳舊迂腐的，是官本位制的價值標準，這正是他
和司馬遷相比大為遜色的地方。」見氏著：《漢代文學的情理世
界》，頁24-25。
17 此一資料參考石觀海、楊亞蕾：〈梁園賦家行年新考〉，《齊魯
學刊》第2期，2006年，頁58。

上多所模擬，王逸《楚辭章句》論嚴忌〈哀時命〉：

〈哀時命〉者，嚴夫子之所作也。夫子名忌，與司馬相如俱好辭賦，客游于梁，梁孝王甚奇重之。忌哀屈原受性忠貞，不遭明君而遇暗世，斐然作辭，嘆而述之，故曰〈哀時命〉也。[18]

歷來有學者質疑此說，[19]大抵以當中「屈原自沉於汨羅」之句，認為此當為嚴忌語氣，通篇所出現的「予」，實為嚴忌自稱。此外，全文反覆陳述「眾比周以肩迫之，賢者遠而隱藏」、「孰魁摧之可久兮，願退身而處窮」、「寧幽隱以遠禍兮，就侵奪之可為」、「時猒猒而不用兮，且隱伏以遠身」，這種欲全身遠禍卻又依戀於功名的追求，與屈原高潔忠貞「吾將從彭咸之所居」、「雖九死其猶未悔」，不惜捨身殉國的堅

---

[18] 黃靈庚疏證：《楚辭章句疏證》（第五冊），（北京：中華書局，2007年），頁2649-2650。

[19] 當然也有認同王逸說法者，如魯迅論嚴忌：「好詞賦，哀屈原忠貞不遇，作詞曰〈哀時命〉。遭景帝不好詞賦，無所得志，乃游吳；吳敗，徒步入梁，受知孝王，與鄒陽，枚乘時見尊重，而忌名尤盛，世稱莊夫子。《漢志》有〈莊夫子賦〉二十四篇；今僅存哀時命一篇，在《楚辭》中。」見氏著：《漢文學史綱要》〈藩國之文術〉，（上海：上海世紀出版集團，2011年），頁32。

定立場截然不同。因而認為本篇所抒發情感可能大多源於嚴忌自身遭遇，然其精神仍與悲屈哀屈之作相通。通篇圍繞著生不逢時與生命短暫兩個主題而發，首段破題直接寫壯志難酬，無所適從的惶恐與孤寂：

> 哀時命之不及古人兮，夫何予生之不遘時。往者不可扳援兮，來者不可與期。志憾恨而不逞兮，杼中情而屬詩。夜炯炯而不寐兮，懷隱憂而歷茲。心鬱鬱而無告兮，眾孰可與深謀！欲愁悴而委惰兮，老冉冉而逮之。居處愁以隱約兮，志沉抑而不揚。道壅塞而不通兮，江河廣而無梁。[20]

文中一語道出「生不遘時」是己身不遇的主因，既沒能趕上從前的好時代，對於未來的「盛世」更是不可期待，然而無可奈何的是老之將至，生命短暫的憂懼讓他體悟到有生之年個人功業建立無望，憂愁難訴下唯有「杼中情而屬詩」。現實處境既是「道壅塞而不通兮，江河廣而無梁」，只能想像馳騁邀

20　〔宋〕洪興祖：《楚辭補注》（北京：中華書局，1983年），頁259-261。本章〈哀時命〉引文皆以此本為據，不再另注版本出處。

遊於崑崙以求解脫，然而「路中斷而不通，勢不能凌波以徑度兮，又無羽翼而高翔」，只能再從想像世界回歸現實人生，然而「身既不容於濁世兮，不知進退之宜當」，字裡行間反映士人安身立命的艱難。文中大肆鋪寫志節行芳卻不為世所見容的困窘以及對奸佞當道，小人得志的憤恨，為了全身遠禍只能「退身而處窮」、「隱伏而遠身」，只是身居山林，卻又心存魏闕，「時暧暧其將疲兮，雖悶嘆而無名。伯夷死於首陽兮，卒夭隱而不榮。太公不遇文王兮，身至死而不得逞，懷瑤象而佩瓊兮，願陳列而無正」，意謂冀盼有朝一日能如太公遇到文王，終能逢遇明君，大展長才。只可惜「生天墜之若過兮，忽爛漫而無成。邪氣襲余之形體兮，疾憯怛而萌生。願壹見陽春之白日兮，恐不終乎永年。」無奈時光早逝，時不我與，最終以悲傷無奈之筆收束全文。

理想的實踐實有待外緣成就，〈哀時命〉對於「生之不遘時」、「志憾恨而不逞」的感慨，以及守直不渝，期待明君，以遂大志的理想，不單只是身處藩國的嚴忌自身遭遇的投射，同時也是這個時代受到壓抑、冷落的知識分子的共同心聲，他們對「時」與「命」的思索，是理解漢初士人探究己身不遇的焦點。

綜上所述，哀傷時命與悲士不遇是漢代辭賦中經常出現的

主題，此類作品反映出作者個人生命價值在實踐過程中與現實抵觸的矛盾。西漢前期「不遇」作品主要繼承楚辭對生命反思之精神，透過對屈原「信而見疑，忠而被謗」遭遇的同情共感，模擬其作品及重塑其悲劇人格，以此宣洩自我現實人生中苦悶情緒，從而尋求人格失落的最後慰藉。賈誼是第一位對屈原生命遭遇產生共鳴的漢代士人，〈弔屈原賦〉開啟了漢代辭賦家追憶屈原的先例，[21]悲其志、憫其情向屈原致意之餘，其「遭世罔極兮，乃殞厥身；嗚呼哀哉，逢時不祥」的中心主旨，激切表現出人生理想落空的苦悶。〈鵩鳥賦〉論說個人命運的窮通之理，對於漢賦在「命」的書寫上亦深具啟後意義。[22]嚴忌〈哀時命〉純為騷體，透過對時命不濟之悲，抒發不遇

---

[21] 徐復觀《兩漢思想史》〈兩漢知識分子對專制政治的壓力〉：「當時的知識分子，以屈原的『信而見疑，忠而被謗，能無怨乎』的『怨』，象徵著他們自身的『怨』；以屈原的『懷石遂自投汨羅以死』的悲劇命運，象徵他們自身的命運。」見氏著：《兩漢思想史》（台北：學生書局，1993年），頁284。劉向斌說得更為淺白：「弔屈、悼屈、思屈、悲屈、嘆屈乃西漢文人特有的屈原情結。屈原以賢才見疏，源於君王昏暗、群小讒陷，這與他們的處境心態有相近之處。戰國之世既已一去不返，則渴盼明君、才華得顯便是他們唯一的生命依托。但一統政權所能提供的仕進機會極為有限，讒構陷害便成為他們不可避免且不得不面臨的現實困厄。」見氏著：《西漢賦生命主題論稿》（北京：中國社會科學出版社，2012年），頁119。

[22] 誠如錢志熙所論：「賈誼的〈鵩鳥賦〉開創了漢代辭賦表現命運主題的先河。其後東方朔的〈答客難〉、揚雄的〈解嘲〉、崔駰

之感。因此此一時期士人對於「命」已有一定程度的思考，賈誼〈鵩鳥賦〉從推求命運吉凶，到藉由歷史人物之禍福成敗來說明禍福相倚之理，「命不可說兮，孰知其極？」以及「天不可預慮兮，道不可預謀；遲速有命兮，焉識其時？」進而得出命運不可知的結論。探究賈誼與嚴忌的作品中所提到的「命」，皆將其理解為既無法逃避卻又神祕性的存在，傾向於歷史經驗的感悟，而非純然形上思考，[23]致使他們對於時間意識的感受更為深刻，因而側重在對時間及所處時代的討論。

另一方面，漢初士人政治壓力較為舒緩，賈誼憂患時事，毫無禁忌的呈獻長策，議論政事，可見戰國時期發揚蹈厲的士風。此外，這段時期因諸侯王養士風尚，士得以遊，或為心腹謀臣，或為文學侍從，嚴忌等人從吳至梁，反映了此一時期士人言行的自由，待漢武帝一統政權的確立，士人面臨君權的高

的〈達旨〉、班固的〈幽通〉、張衡的〈應間〉、〈思玄〉、蔡邕的〈釋誨〉等以論說為體的辭賦，都在不同程度上受到賈誼〈鵩鳥賦〉的寫作風格和思想的影響。這些作品通過論說個人命運的窮通之理，一方面揭示出大一統現實中個人生命價值實現之艱難，另一方面又常以天道幽微、命運難知，唯有委之自然、抱朴守素等觀念自我安慰。」見氏著：《唐前生命觀和文學生命主題》（北京：東方出版社，1997年），頁129。

23 顏崑陽：〈論漢代文人『悲士不遇』的心靈模式〉，收錄於國立政治大學中文系主編《漢代文學與思想學術研討會論文集》（台北：文史哲出版社，1991年），頁244-245。

度膨脹，主體自由意識隨著空前盛世的建立而逐漸喪失，轉而
成為一主之臣，士人的生存環境更受侷限，因此在謳歌武帝盛
世的浪潮下潛伏著一股「悲士不遇」的暗流，士人處境及其不
遇之作又呈現出不同的時代風貌。

第三章 漢之得人,於茲為盛——漢武帝時期士人處境探究

　　漢初以來在黃老思想清靜無為,與民休息的方針指導下,經歷了六、七十年的休養生息,國力逐漸豐沛,《史記・平準書》記載:「漢興七十餘年之閒,國家無事,非遇水旱之災,民則人給家足,都鄙廩庾皆滿,而府庫餘貨財。京師之錢累巨萬,貫朽而不可校。太倉之粟陳陳相因,充溢露積於外,至腐敗不可食。[1]」足見當時的殷富昌盛,與高帝立國之初相較早已不可同日而語。從建元元年(公元前140年)到後元二年(公元前87年)約五十四年是為漢武帝時期,其即位之初,政治形勢已趨穩定,但也逐漸浮現難以控制的隱憂,諸侯王的威脅依舊,豪強勢力兼併,社會貧富差距加大,以及匈奴襲邊侵擾等問題,過往的因循與無為已然無法因應當前情勢,新的統治思想亦待確立。

　　漢武帝廣為興作,內修法度以加強中央集權,外攘夷狄大

---

[1] 〔漢〕司馬遷撰;〔劉宋〕裴駰集解;〔唐〕司馬貞索隱;〔唐〕張守節正義:《史記》(台北:鼎文書局,1981年),頁1420。本章所引之《史記》皆以此版本為據,以下僅注篇名,不再另注版本出處。

肆開疆拓土，在政治、經濟、軍事、思想文化上皆締造了前所
未有的輝煌功業，因而有著「自開闢以來，惟漢家最為盛焉，
故顯為世宗，可謂卓爾絕世之主矣」（《新論・識通》）的稱
譽。武帝時期也是歷史上少有的人才盛世，據班固《漢書・武
帝紀》贊語記載，武帝「疇咨海內，舉其俊茂，與之立功」，
群賢薈萃各盡其能，因此武帝朝的鼎盛局面，不僅是武帝一人
的雄才大略所致，其偉大功業也是當時海內俊茂共同創造的成
果。人才輩出除了政治、社會等客觀因素外，武帝選才上的不
拘一格及廣開入仕門徑更起著關鍵性的影響。隨著大一統政權
的確立，學術文化思想在儒學的基礎上漸趨統一，士人由地方
向中央靠攏，地位也發生根本性的變化。本章將從武帝朝之用
人政策、人才類型及儒學定於一尊後所產生的變化進行探討，
尋繹此一時期士人的處境，藉以了解在輝煌盛世下士人何以仍
感不遇之外緣因素。

第一節　高祖至武帝求賢詔之發展歷程

　　漢高祖劉邦出身鄉曲小吏，當初追隨他撥亂誅暴，平定天
下者多為中下階層人物，西漢政權建立後這些文臣武將相繼封
侯，形成布衣將相之局，當時選官主要以軍功為標準，《漢

書‧儒林傳》載：「孝惠、高后時皆武力功臣」，劉邦即位之初重武輕文，對於士人頗為輕侮，[2]之後逐漸意識到欲長治久安，廣泛善用人才的重要性，高祖十一年（公元前196年）頒布之求賢詔，要求各地舉薦賢士大夫，文曰：

　　蓋聞王者莫高於周文，伯者莫高於齊桓，皆待賢人而成名。今天下賢者智能豈特古之人乎？患在人主不交故也，士奚由進？今吾以天之靈、賢士大夫定有天下，以為一家，欲其長久，世世奉宗廟亡絕也。賢人已與我共平之矣，而不與我共安利之，可乎？賢士大夫有肯從我游者，吾能尊顯之。布告天下，使明知朕意。御史大夫昌下相國，相國酇侯下諸侯王，御史中執法下郡守，其有意稱明德者，必身勸，為之駕，遣詣相國府，署行義年，有而弗

2　漢高祖劉邦原本輕薄《詩》、《書》，尤其藐視儒生，他曾罵酈食其為「豎儒」，憎恨叔孫通服儒服。《史記‧魏豹彭越烈傳》亦云：「今漢王慢而侮人，罵詈諸侯群臣如罵奴耳，非有上下禮節也，吾不忍復見也。」《史記‧酈生陸賈列傳》則記載其麾下騎士曾對酈食其說：「沛公不好儒，諸客冠儒冠來者，沛公輒解其冠，溲溺其中。與人言，常大罵。未可以儒生說也。」又如追隨劉邦平定天下的陸賈，「時時前說稱詩書，高帝罵之曰：『迺公居馬上而得之，安事詩書？』陸生曰：『居馬上得之，寧可以馬上治乎？且湯武逆取而以順守之，文武並用，長久之術也。』」後在陸賈的勸諫及其《新語》書成後，劉邦才逐漸改變態度。

言，覺免。年老癃病，勿遣。[3]（《漢書・高帝紀》）

詔令開篇便以王霸自許，先總結歷史經驗，以周文王、齊桓公自勉，認為他們之所以能成就霸業就在於納賢，進而筆鋒一轉，今人才智豈亞於古人，代代皆有賢人，關鍵在於人主是否懂得任用，並且放低身段謙虛誠懇地表明當年仰賴賢士平定天下，現今仍需賢士一同治國安邦，同時懇切承諾「肯從我游者，吾能尊顯之」，指示地方郡守親自查訪賢士，若遇賢而未向上舉薦者將受懲罰，足見高帝對於人才的禮遇與渴求。最後提出選賢的標準乃品行、儀表與年齡，儘管求賢之具體科目未成定制，且此詔書是在劉邦臨終前一年所發布，也無法從史籍中得知此次頒布求賢詔的效果，對於當時實質上的影響或許十分有限，但是高祖公開普選人才及任人唯賢的態度已具重要意義，[4]更為日後漢代選才制度奠定基礎。文帝即位，因循高祖

3　〔漢〕班固撰；〔唐〕顏師古注；楊家駱主編：《漢書》（台北：鼎文書局，1986年），頁71。本章所引之《漢書》皆以此版本為據，以下僅注篇名，不再另注版本出處。

4　葉秋菊提出劉邦求賢詔具有重要意義：「劉邦這種公開普選賢能的方式與三代的世官制、秦代的納粟和軍功選賢法不同，是人才選拔方式的一個重大轉變。選賢的標準與世官制下的血緣、秦代的納粟、軍功不同，偏重德行。讓郡國自下而上舉薦人才的方法，與以後的察舉制度相似，這份求賢詔書或可視為察舉制度的

之法，《漢書‧楊胡朱梅云傳》云：

> 昔高祖納善若不及，從諫若轉圜，聽言不求其能，舉
> 功不考其素。陳平起於亡命而為謀主，韓信拔於行陳而建
> 上將。故天下之士雲合歸漢，爭進奇異，知者竭其策，愚
> 者盡其慮，勇士極其節，怯夫勉其死。合天下之知，并天
> 下之威，是以舉秦如鴻毛，取楚若拾遺，此高祖所以亡敵
> 於天下也。孝文皇帝起於代谷，非有周召之師，伊呂之佐
> 也，循高祖之法，加以恭儉。當此之時，天下幾平。繇是
> 言之，循高祖之法則治，不循則亂。

文帝前元二年（公元前178年）因發生日蝕，文帝頒布詔
令專就此事檢討自己的過失，指出此乃上天對人君不德，布政
不均的警示，並將天出異象歸結於疏忽選才任能所致，希望透
過「舉賢良方正，能直言極諫者，以匡朕之不逮。」（《漢
書‧文帝紀》）。此詔雖因日蝕之事而發，並非專門頒布之求
賢詔書，但也反映出徵求政治意見的背後對於直言極諫者的期
盼。前元十二年（公元前168年）下詔「孝悌，天下之大順

淵源。」見氏著：〈試論西漢求賢詔〉，《江漢論壇》，第12
期，2015年，頁109。

也。……廉吏，民之表也。朕甚嘉此二三大夫之行。今萬家之縣，云無應令，豈實人情？是吏舉賢之道未備也。」此為孝廉之選。又於前元十五年（公元前165年）再次下詔求賢：「諸侯王公卿郡守舉賢良能直言極諫者，上親策之，傅納以言」，對策者百餘人均由文帝親策之，此次求賢詔文字簡約，並未明確表露文帝求賢之細節內容，但根據《漢書‧袁盎晁錯列傳》中的策問可知文帝對於所舉賢良提出該如何解決「朕之不德，吏之不平，政之不宣，民之不寧」等問題，晁錯即在此次策試中脫穎而出，景帝即位後對他頗為重用，幸傾九卿，後遷陞至御史太夫，位列三公，晁錯提出諸多極具遠見之施政策略與改革方案，可見詔舉賢良所發揮的良好效益，使才德之士得以貢獻國家。

在上述寬緩清靜，求賢以安天下的時代背景下，大漢帝國逐漸站穩腳步，在文景之治的基礎上，輔以武帝自身之雄才大略，其一改先前清靜無為，內興制度，外伐四夷，建樹可謂空前，開創了劃時代的嶄新局面，《漢書‧武帝紀》有著如下的評述：

　　漢承百王之弊，高祖撥亂反正，文景務在養民，至于稽古禮文之事，猶多闕焉。孝武初立，卓然罷黜百家，表

章六經。遂疇咨海內，舉其俊茂，與之立功。興太學，修郊祀，改正朔，定曆數，協音律，作詩樂，建封禪，禮百神，紹周後，號令文章，煥焉可述。後嗣得遵洪業，而有三代之風。如武帝之雄材大略，不改文景之恭儉以濟斯民，雖詩書所稱何有加焉！

武帝「欲用文武，求之如弗及」（《史記‧平津侯主父列傳》），從即位開始便下詔求賢，建元元年（公元前140年）下詔「丞相、御史、列侯、中二千石、二千石、諸侯相舉賢良方正直言極諫之士。」（《漢書‧武帝紀》），全國各地推舉百餘名有識之士，武帝親自進行策問。元光元年（公元前134年）武帝下詔「初令郡國舉孝廉各一人」（《漢書‧武帝紀》），「初令」意謂自此之後求賢已有定制，標準如同唐人顏師古注所言：「孝謂善事父母者，廉謂清潔有廉隅者」，推薦人數為每郡薦舉一人，武帝此次求賢詔標誌著選賢方式已趨於明確及具制度化，察舉制度正式確立。元光五年（公元前130年）又下詔舉賢良文學，「時對者百餘人，太常奏弘第居下。策奏，天子擢弘對為第一。」公孫弘出身布衣而官至丞相，明於文法，通於事務，善解上意，以經術潤飾吏事，在當時成為士人以儒術取位的典型。元朔元年（公元前128年）亦

有〈議不舉孝廉者罪詔〉，明言「不舉孝，不奉詔，當以不敬
論；不察廉，不勝任也，當免。」（《漢書・武帝紀》）至元
封五年（公元前106年）武帝在位已三十五年，此時丞相公孫
弘、御史大夫張湯、大將軍衛青、霍去病、將軍蘇建以及大儒
董仲舒相繼凋零，呈現人才短缺，後繼無人的局面，武帝深感
「名臣文武欲盡」，然諸多興作尚在進行，於是再度發詔求
賢，是為〈求茂材異等詔〉，當中明白揭示：

> 蓋有非常之功，必待非常之人，故馬或奔踶而致千
> 里，士或有負俗之累而立功名。夫泛駕之馬，跅弛之士，
> 亦在御之而已。其令州郡察吏民有茂材異等，可為將相及
> 使絕國者。（《漢書・武帝紀》）

武帝認為要建立非凡功業，必須仰仗非凡人才，特別是那
些常被世俗譏諷議論者，往往是可建功立業的奇才，他以
馭馬比喻御士，選拔的原則不計細行，採不拘一格的策略。
「令州郡察吏民有茂材異等，可為將相及使絕國者」，要求各
州郡考察當地吏民，從現有官吏中選拔茂材、異等者予以推薦
並委以要職。武帝頒發一系列招攬人才之制文詔書，反映其廣
納賢良的決心及對人才的迫切需求。

第二節　漢武帝時期人才盛世之表現

在大漢帝國昂揚氣勢渲染及帝王求賢若渴的呼喚下，漢代士人心中懷抱宏圖遠略，紛紛高揚起理想的風帆，積極回應時代的要求以求弘道濟世，誠如史籍所載：

> 逮至當今之時，天子在上位，持以道德，輔以仁義，近者獻其智，遠者懷其德，拱揖指麾而四海賓服，春秋冬夏皆獻其貢職。[5]（《淮南子·覽冥訓》）

> 武帝初即位，征天下舉方正賢良文學材力之士，待以不次之位，四方士多上書言得失，自炫鬻者以千數。（《漢書·東方朔傳》）

四方之士踴躍上書，竭智以獻才，炫鬻者多以千數，充分呈現士人渴望參與曠世宏業的熱情。[6]《漢書·公孫弘卜式兒

---

[5]　劉文典：《淮南鴻烈集解》（北京：中華書局，2013年），頁214-215。

[6]　漢武帝時期可謂士人上書自薦的高峰，不少文學侍從由此脫穎而出，東方朔因上書拜為郎，常侍武帝左右。終軍「至長安上書言事」，拜為謁者給事中。主父偃、徐樂、嚴安上書言世務，獲武

寬傳》記載當時「群士慕向，異人并出」的鼎盛局面：

> 公孫弘、卜式、兒寬皆以鴻漸之翼困於燕雀，遠跡羊
> 豕之間，非遇其時，焉能致此位乎？是時漢興六十餘載，
> 海內乂安，府庫充實，而四夷未賓，制度多闕，上方欲用
> 文武，求之如弗及，始以蒲輪迎枚生，見主父而歎息。群
> 士慕向，異人并出。卜式試於芻牧，弘羊擢於賈豎，衛青
> 奮於奴仆，日磾出於降虜，斯亦曩時版築飯牛之明己。漢
> 之得人，於茲為盛。儒雅則公孫弘、董仲舒、兒寬，篤行
> 則石建、石慶，質直則汲黯、卜式，推賢則韓安國、鄭當
> 時，定令則趙禹、張湯，文章則司馬遷、相如，滑稽則東
> 方朔、枚皋，應對則嚴助、朱買臣，曆數則唐都、洛下
> 閎，協律則李延年，運籌則桑弘羊，奉使則張騫、蘇武，
> 將帥則衛青、霍去病，受遺則霍光、金日磾。其餘不可勝
> 紀。是以興造功業，制度遺文，後世莫及。

帝召見，武帝大呼相見恨晚，拜三人為郎中。朱買臣隨上計吏為
卒，將重車至長安，詣闕上書，書久不報。待詔公車，後經嚴助
向武帝推薦得以召見，說《春秋》，言《楚辭》，武帝甚說之，
拜買臣為中大夫，與嚴助俱侍中。上書乃布衣參與政治、入仕為
官之一大途徑。

班固盤點並展示武帝之世湧現的各類人才，並為他們的專長進行歸類，共列舉了儒雅、篤行、質直、推賢、定令、文章、滑稽、應對、協律、運籌、奉使、將帥、受遺等十四類，大致可歸納為政治、經濟、農工、法律、文化思想、外交軍事等群體，如此龐大且殊異的專長充分展現出武帝一朝人才濟濟的盛況。

　　就背景而論，這些人當中除了霍去病為外戚，張湯為官僚之子，多數為平民布衣，甚至出身寒微，如卜式試於芻牧，桑弘羊擢於賈豎，衛青本為奴僕，日磾出於降虜，韓安國起於罪徒，公孫弘、朱買臣則以布衣而登大位，鄭當時為任俠，蕭望之世代力田，主父偃為遊食四方之一介寒儒，兒寬賣力於都巷，他們來自各個階層，大多靠勉學力行而自見，得以進入政權以奮身效力，即如《漢書・嚴朱吾丘主父徐嚴終王賈傳》所云：「今陛下昭明德，舉俊材，興學官，三公有司或由窮巷，起白屋，裂地而封。」武帝在人才施用上亦不問年齡，其十六歲登基為少年天子，也大膽起用年輕新血，如御史大夫桑弘羊十三歲即被封為侍中，驃騎將軍霍去病十八歲率兵出擊匈奴建立軍功，亦有結髮遊學四十餘年方獲重視的主父偃，以及年近七旬才被委以丞相之職，大器晚成的公孫弘。如此多方多元的匯聚人才，當中獲武帝青睞而破格重用者不計其數，無怪乎班

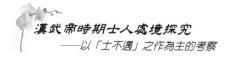

固會有「漢之得人,於茲為盛……後世莫及」的讚嘆。

　　此外,《漢書》中亦有部分篇章,透過對傳記人物生平經歷的記述,表達對於武帝招賢納士的肯定,如〈東方朔傳〉:「武帝既招英俊,程其器能,用之如不及。時方外事胡、越,內興制度,國家多事,自公孫弘以下至司馬遷,皆奉使方外,或為郡國守相至公卿。」讚揚朝廷的用人政策,使各類人才均能適得其所。或是間接歌頌武帝禮賢下士之德,求賢猶恐不及,諸如〈枚乘傳〉載:「武帝自為太子聞乘名,及即位,乘年老,乃以安車蒲輪徵乘。」武帝即位後以安車蒲輪徵召枚乘,以示禮敬。〈司馬相如傳〉中敘述武帝讀相如〈子虛賦〉而善之,卻不知其人時,有「朕獨不得與此人同時哉」的感慨,後經楊得意介紹而召以為郎。又如〈主父偃傳〉記載武帝召見主父偃、徐樂、嚴安時,有相見恨晚之嘆。以及〈儒林傳〉中提及趙綰、王臧為請立明堂之事向武帝推薦老師申公,「於是上使使束帛加璧,安車以蒲裹輪,駕駟迎申公。」此時的申公已垂垂老矣,所言亦不合武帝之意,但既已招致,仍拜為太中大夫。《史記‧龜策列傳》亦有「至今上即位,博開藝能之路,悉言百端之學,通一伎之士咸得自效,絕倫超奇者為右,無所阿私」的評論。

　　綜合上述事例可見武帝的用人哲學不計出身資歷,兼容並

82

蓄，唯才是舉，在人才選拔的管道上廣開途徑，除了「徵召」、「公車上書」、「郎選」等措施，更完善察舉制度。此外，建元五年（公元前136年）根據董仲舒對策中「興太學，置明師以養天下之士，數考問以盡其材，則英俊宜可得矣」（《漢書‧董仲舒傳》）的建議，興辦太學，立五經博士，其後元朔五年（公元前124年）另採納公孫弘為博士置弟子員之主張（《漢書‧武帝本紀》），確立太學制度，同時令郡國皆立學校，建立起地方教育系統，有計畫的培養國家統治所需人才以因材授職，是故武帝除了重才納才，更能系統性、目的性的育才，正因如此方能締造出輝煌彪炳的大漢盛世。

第三節　漢武帝人才庫的兩種典型——公卿大儒與侍中文人

　　《漢書》所羅列的人才群體，除了興利之臣、軍功將士、用法之吏活躍於國家事務，儒生文士亦為武帝朝之學術思想、文學文化及政治制度等面向提供長足貢獻。他們或以致經對策而出仕，如董仲舒、公孫弘，一為學術大儒，一為公卿名相，為武帝治國提供諸多思想理論基礎；或憑藉上書言事務，針對朝政制度提出建議而獲武帝青睞，進而平步青雲，如嚴助、主

父偃。亦有因自身文采久負盛名而受到重視，如司馬相如，以及被班固歸為倡優一類，專供武帝取樂的東方朔及枚皋。

其中出身寒微的公孫弘可謂儒生中最為顯赫發達者，不僅是以丞相褒侯的第一人，[7]其幾近傳奇的人生際遇更成為天下士人所嚮往的目標。透過對公孫弘的討論可更進一步了解漢代尊儒之真相，並與董仲舒之際遇相對照。

據《史記・平津侯主父列傳》記載，公孫弘年少時曾在齊國薛縣擔任獄吏，後因罪而遭免職，然因家貧只能「牧豕海上」，可見其早年清苦，四十多歲「乃學春秋雜說」，直到武帝建元元年下詔招納賢良文學之士，年已六十的公孫弘才以賢良的身分入朝擔任博士，但因出使匈奴表現不合上意，「上怒，以為不能，弘乃病免歸」。直到武帝元光五年再次詔徵文學，公孫弘又獲得菑川國的推薦，此次「太常令所徵儒士各對策，百餘人，弘第居下。策奏，天子擢弘對為第一。召入見，狀貌甚麗，拜為博士。」以上大致是他學經歷背景及進入官場

---

[7] 《漢書・公孫弘卜式兒寬傳》：「先是，漢常以列侯為丞相，唯弘無爵，上於是下詔曰：『朕嘉先聖之道，開廣門路，宣招四方之士，蓋古者任賢而序位，量能以授官，勞大者厥祿厚，德盛者獲爵尊，故武功以顯重，而文德以行褒。其以高成之平津鄉戶六百五十封丞相弘為平津侯。』其後以為故事，至丞相封，自弘始也。」

的歷程。至於他的為人與處事，見於《史記・平津侯主父列傳》：

> 弘為人恢奇多聞，常稱以為人主病不廣大，人臣病不儉節。弘為布被，食不重肉。後母死，服喪三年。每朝會議，開陳其端，令人主自擇，不肯面折庭爭。於是天子察其行敦厚，辯論有餘，習文法吏事，而又緣飾以儒術，上大說之。二歲中，至左內史。弘奏事，有不可，不庭辯之。嘗與主爵都尉汲黯請閒，汲黯先發之，弘推其後，天子常說，所言皆聽，以此日益親貴。嘗與公卿約議，至上前，皆倍其約以順上旨。汲黯庭詰弘曰：「齊人多詐而無情實，始與臣等建此議，今皆倍之，不忠。」上問弘。弘謝曰：「夫知臣者以臣為忠，不知臣者以臣為不忠。」上然弘言。左右幸臣每毀弘，上益厚遇之。

公孫弘博聞廣見，每次在朝廷討論問題從不當面批評或爭論，而是「開陳其端，令人主自擇」，在武帝眼中其品行敦厚又能言善辯，公務表現上熟悉各式條文規章，特別是他「緣飾以儒術」之舉深獲武帝喜愛，兩年內就升遷至左內史。為了迎合武帝旨意，總不惜違背與公卿大臣們預先的約定，對此汲黯

曾當眾責難他「多詐而無情實」，面對武帝質問公孫弘從未多所辯駁，縱使「左右幸臣每毀弘」，反而更促使武帝對他的寵信，將其升任為御史大夫。

汲黯也曾針對其布被之舉予以抨擊，面對同僚的非議，公孫弘僅以「九卿與臣善者無過黯，然今日庭詰弘，誠中弘之病」以及「今臣弘位為御史大夫，而為布被，自九卿以下至於小吏，無差，誠如汲黯言。且無汲黯忠，陛下安得聞此言」等不正面交鋒，以退為進的方式回應，甚至還對批評者汲黯多所讚美，不計私怨之舉更加深得武帝肯定，「天子以為謙讓，愈益厚之。卒以弘為丞相，封平津侯。」

至於汲黯，在性格上與公孫弘有著十分強烈的對比，根據《史記‧汲鄭列傳》記載，汲黯為武帝時之名臣，學黃老之言，治官理民尚清靜無為，治務「弘大體，不拘文法」（不苟求枝微末節），為人「性倨，少禮，面折，不能容人之過。合己者善待之，不合己者不能忍見，士亦以此不附焉。然好學，游俠，任氣節，內行修潔，好直諫，數犯主之顏色，……亦以數直諫，不得久居位。」他以抗顏極諫著稱，曾當面批評武帝「陛下內多欲而外施仁義，奈何欲效唐虞之治乎！」結果武帝「默然，怒，變色而罷朝。公卿皆為黯懼。上退，謂左右曰：『甚矣，汲黯之憨也！』」當時群臣紛紛數落汲黯身為人臣，

言行當適可而止，但他僅以「天子置公卿輔弼之臣，寧令從諛承意，陷主於不義乎？且已在其位，縱愛身，奈辱朝廷何」回應，絲毫無懼於觸犯君主逆鱗，武帝對其耿直也是敬畏三分，[8]在他臨終病危時給予「古有社稷之臣，至如黯，近之矣」的至高評價。

然而汲黯這種性情孤傲，不拘禮節，特別是「面折，不能容人之過。合己者善待之，不合己者不能忍見」的個性，常與同僚發生衝突，張湯擔任廷尉時，汲黯便曾多次在武帝面前責備他，也時常與之論議，張湯總是拘泥在瑣碎的條文上雄辯滔滔，而汲黯主要在大方向上堅持原則，結果「不能屈，忿發罵曰：『天下謂刀筆吏不可以為公卿，果然。必湯也，令天下重足而立，側目而視矣！』」也正因為其言行處事如此剛烈直接，而為自己樹敵招禍，尤其「黯常毀儒，面觸弘等徒懷詐飾智以阿人主取容，而刀筆吏專深文巧詆，陷人於罪，使不得反其真，以勝為功」，他常當面斥責公孫弘等人以虛偽奸詐來取悅人主，同時也批評張湯一班的刀筆吏專會替人羅織罪名，使

---

8 《漢書·汲鄭列傳》：「大將軍青侍中，上踞廁而視之。丞相弘燕見，上或時不冠。至如黯見，上不冠不見也。上嘗坐武帳中，黯前奏事，上不冠，望見黯，避帳中，使人可其奏。其見敬禮如此。」描述武帝對於大將軍衛青、丞相公孫弘侍應態度的隨興，但汲黯因內行修潔，敢於直諫，武帝對其甚感敬畏。

87

人誤蹈法網，結果導致「上愈益貴弘、湯，弘、湯深心疾黯，唯天子亦不說也，欲誅之以事」，公孫弘為丞相時更刻意向武帝推薦汲黯擔任右內史，負責管理難以控制的貴人宗室。可見汲黯因常直言抨擊公孫弘及張湯此等武帝政策的推行者，而遭受憎恨陷害的艱難處境。

至於備受武帝重視信任的公孫弘，《史記》對其為人及性格描寫的極為深刻，除了上述〈汲鄭列傳〉中汲黯對其「詐飾智以阿人主取容」的批評外，亦記錄了當時淮南王劉安欲謀反，對於汲黯「好直諫，守節死義，難惑以非」的言行頗為忌憚，但對於公孫弘卻以「如發蒙振落」評價之，完全不將已是丞相的公孫弘放在眼裡。此外，〈董仲舒傳〉也有：「弘希世用事，位至公卿。仲舒以弘為從諛，弘嫉之」的記載。《史記・平津侯主父列傳》形容：「弘為人意忌，外寬內深。諸嘗與弘有卻者，雖詳與善，陰報其禍。殺主父偃，徙董仲舒於膠西，皆弘之力也。」他多疑善妒、內心深峻刻薄，更是有仇必報，斥責他的汲黯曾為他所害，主父偃被殺，董仲舒被調任膠西王相，以及當時仗義疏財的遊俠郭解遭滿門誅滅，[9]皆出自

---

[9] 據《史記・游俠列傳》記載，當時朝廷令郭解遷徙至茂陵，只因他人替郭解大抱不平，自行殺害相關的基層人員，但郭解完全不知此事，公孫弘竟以「解布衣為任俠行權，以睚眥殺人，解雖弗

公孫弘之手。

　　公孫弘心胸狹窄之外也城府至深，在淮南王、衡山王謀反時，朝中大肆逮捕其黨羽，此時「弘病甚，自以為無功而封，位至丞相，宜佐明主填撫國家，使人由臣子之道。今諸侯有畔逆之計，此大臣奉職不稱也。恐病死無以塞責」，病重之際上書武帝責備自己為罷駑之質，無汗馬之勞，行能不足以稱相位，「願歸侯印，乞骸骨，避賢者路」，仍獲武帝大力慰留，甚至大加賞賜要他寬心養病，數月病癒後又繼續視事，於元狩二年以丞相終。從六十歲入仕到位居三公，前後僅約十年時間，最後卒於丞相任上，如此平步青雲且能安然終於丞相之位，在武帝朝實屬難得，[10]之所以能如此深獲武帝任用有其背

知，此罪甚於解殺之。當大逆無道」，強加郭解罪名致使其遭滿門誅滅。

[10] 武帝一朝，一共更換了十三位丞相，「衛綰、竇嬰、許昌、田蚡、薛澤、公孫弘、李蔡、莊青翟、趙周、石慶、公孫賀、劉屈氂、田千秋。他們的出身、個性和結局各不相同，在任時間最長的是11年，最短的只有1年零4個月。在他們當中，有4個人是以外戚的身份擔任丞相的，而頗具意味的是，這4個人最後的結局都很悲慘：竇嬰先被免職，後被判死刑；田蚡死於精神錯亂；公孫賀被捲入巫蠱之禍，全族被滅；劉屈氂被判腰斬。……武帝對丞相的任命、罷免，乃至治罪，都與某一時期具體的朝廷政策息息相關。為了推行某種政策或顯示某種姿態，他可以讓一介布衣登上仕途的巔峰，也可以讓地位尊貴的丞相轉眼間變成階下囚。這同樣顯示了武帝對丞相的絕對控制。」見童超主編：《漢武王朝：惠澤千秋的宏圖偉業》〈丞相的更替〉，（雲南：雲南教育出版社，2010年），頁188-190。

後之真實原因,將留待本章結尾進行討論。

相較於公卿大儒,當時有一批是通過賢良對策與上書拔擢出來的人才,他們隨侍在武帝左右,宛如天子門客,經常針對時政提出對策,並代表天子與大臣公卿進行辯論,以助武帝達成政治目的,除了政治上的諮詢謀劃,另外給予出使、參政的機會,他們可透過文學創作潤色鴻業,滿足武帝在文學上欣賞娛樂的嗜好,提供施政上歌功頌德之所需,根據史籍記載:

> 郡舉賢良,對策百餘人,武帝善助對,繇是獨擢助為中大夫。後得朱買臣、吾丘壽王、司馬相如、主父偃、徐樂、嚴安、東方朔、枚皋、膠倉、終軍、嚴蔥奇等,並在左右。是時征伐四夷,開置邊郡,軍旅數發,內改制度,朝廷多事,屢舉賢良文學之士。公孫弘起徒步,數年至丞相,開東閣,延賢人與謀議,朝覲奏事,因言國家便宜。上令助等與大臣辯論,中外相應以義理之文,大臣數詘。其尤親幸者,東方朔、枚皋、嚴助、吾丘壽王、司馬相如。(《漢書·嚴朱吾丘主父徐嚴終王賈傳》)

> 上自初即位,招選天下文學材智之士,待以不次之位。四方士多上書言得失,自眩鬻者以千數,上簡拔其俊

異者寵用之。莊助最先進；後又得吳人朱買臣、趙人吾丘壽王、蜀人司馬相如、平原東方朔、吳人枚皋、濟南終軍等，並在左右，每令與大臣辯論，中外相應以義理之文，大臣數屈焉。[11]（《資治通鑑・漢紀九》）

上述這些人雖和公孫弘、董仲舒一樣，皆是通過賢良選拔進入仕途，但為侍中文人，為武帝個人所差遣，主要有嚴助、朱買臣、吾丘壽王、司馬相如、主父偃、徐樂、嚴安、東方朔、枚皋、終軍等。根據能力及個性上的差異，武帝對他們的喜愛與親近程度也有所不同，「其尤親幸者，東方朔、枚皋、嚴助、吾丘壽王、司馬相如。相如常稱疾避事。朔、皋不根持論，上頗俳優畜之。唯助與壽王見任用，而助最先進。」（《漢書・嚴朱吾丘主父徐嚴終王賈傳》）當中以嚴助與壽王最獲重用。[12]這些人積極參與武帝多項決策，對於朝政起著一定程度的影響。當中以文章著稱的司馬相如，曾以〈子虛賦〉

---

[11] 〔宋〕司馬光：《資治通鑑》（卷十七），（上海：上海古籍出版社，1987年），頁115。

[12] 魯迅曾說：「文學之士，在武帝左右者亦甚眾。……惟嚴助與壽王見任用。助最先進，常與大臣辯論國家便宜，有奇異亦輒使為文，及作賦頌數十篇。壽王字子贛，趙人，年少以善格五召待詔，遷侍中中郎，有賦十五篇，見《漢志》。」見氏著：《漢文學史綱要》，（上海：上海世紀出版集團，2011年），頁37。

獲武帝詔問,又「請為天子游獵賦,賦成奏之」(《史記・司馬相如列傳》),武帝大悅以為郎,數歲拜中郎將,奉派赴蜀通西南夷,其後有人上書告發他涉嫌受賄,遂遭免官,歲餘又復召為郎,常稱疾避事,魯迅曾云:「武帝時文人,賦莫若司馬相如,文莫若司馬遷,而一則寥寂,一則被刑」[13],司馬相如文采出眾又富政治謀略,雖未能發揮年少大志為朝廷建立顯著功業,但如《史記》本傳所言:「其進仕宦,未嘗肯與公卿國家之事,稱病閑居,不慕官爵」,已堪可稱為當時少有的幸運文人。[14]

　　另一群被班固歸納為應對型人才的文學侍從,布衣出身而

---

[13] 魯迅:《漢文學史綱要》〈司馬相如與司馬遷〉,頁41。

[14] 李鳳艷曾對司馬相如的際遇有著如下的討論,指出:「他的一生沒有遭受到太大的痛苦,更未受到什麼迫害。儘管漢景帝不喜歡賦,對他頗為冷淡,但他還是遇到了梁孝王和漢武帝。尤其蒙漢武帝劉徹鍾愛,他的賦作風行一時,享受到一介書生不易享受到的榮譽和實惠。而且在他的作品中,沒有後世文人常有的痛苦掙扎,甚至沒有迷惘徬徨。他的筆下是大漢帝國一片晴朗的天空和廣袤的山河土地,以及在這片天空下人們明朗樂觀的心境,以至明代王世貞《藝苑卮言》中說:『長卿之賦,賦之聖也。』其實這得益於司馬相如本身,確實是一個政治預見能力很強的文人,他堅定不移地在賦作中擁護一統思想,他在推恩令順利實施前,文章中就表現出來對大一統的讚頌……司馬相如雖然具有對這個時代政治形勢的預見和概括綜合的能力,但缺少具體的建議決策能力,這也許正是他能夠『以文章顯』而不能『以經術名世』的最根本原因。」見氏著:《漢武帝時期文人活動年表及相關問題研究》(青島大學中文系碩士論文,2008年6月),頁49-50。

為天子賓客，時常在武帝身邊議政，提供決策方案，與武帝關係至為親近，職位低微卻能出入禁中，參與朝廷事務甚至商議機密，持天子之意詰難公卿，如《漢書》記載嚴助「上令助等與大臣辯論，中外相應以義理之文，大臣數詘」，對此顏師古解釋「中謂天子之賓客，若嚴助之輩也，外謂公卿大夫也」，此處的中、外之別，即武帝親政後欲獨攬政權，大力削弱丞相及公卿大夫的權力，透過賢良文學或上書言事，提拔任用一些出身低微的文人近臣，授予其侍中、中常侍、給事中一類的職銜，讓他們參與議政，從而培養出一批完全受命君權，得以與丞相為首的外朝分庭抗禮的內廷官員，稱之為「內朝」或「中朝」。[15]當中應對型的侍中群體，以嚴助、朱買臣、主父偃為代表，這三人皆出身寒微，深受武帝寵愛，時常出入天子門

---

[15] 有學者在討論漢代政治體制一項重大變化，即是漢武帝時期內朝的出現，當中對於內朝的背景及組成成員有著簡明的論述。武帝為解決皇權和相權之間尖銳的矛盾以強化君主專制，採取一系列措施，其中內朝即是公卿權力削弱的一個重要標誌，內朝的官員大體可分成兩類：「一是皇帝的賓客，即皇帝身邊的侍從，他們不在中央政府任職，卻有侍中、給事中、常侍、散騎等頭銜，平常隨從皇帝左右，以備顧問應對；二是皇帝的近臣，即皇帝親近的大臣，他們擔任一定的職務，武官有大將軍、前後左右將軍，文官有太中大夫、光祿大夫等，也常被加上侍中、給事中的頭銜。這些人可以出入禁中，直接秉承皇帝的旨意，參與討論軍國大事。」見韓兆琦、趙國華：《秦漢史十五講》（南京：鳳凰出版社，2010年），頁171-172。

庭，只是最後均遭誅殺而死於非命，有「生五鼎食」之論的主父偃最為戲劇化，其入仕過程頗為坎坷，《史記・平津侯主父列傳》記載：

> 主父偃者，齊臨菑人也。學長短縱橫之術，晚乃學易、春秋、百家言。游齊諸生閒，莫能厚遇也。齊諸儒生相與排擯，不容於齊。家貧，假貸無所得，乃北游燕、趙、中山，皆莫能厚遇，為客甚困。孝武元光元年中，以為諸侯莫足游者，乃西入關見衛將軍。衛將軍數言上，上不召。資用乏，留久，諸公賓客多厭之，乃上書闕下。朝奏，暮召入見。所言九事，其八事為律令，一事諫伐匈奴。

他早年學習縱橫之術，遊走齊國遭受諸儒排擠，北遊燕、趙、中山亦未獲賞識，武帝元光元年時深感在諸侯國已走投無路，後求見大將軍衛青，即使衛青多次推薦仍未獲召見，最後靠著自己上書才受武帝注意，他對律令及征伐匈奴等事大表建議，與此同時趙國的徐樂、齊國的嚴安也上書言事，「書奏天子，天子召見三人，謂曰：『公等皆安在？』何相見之晚也！於是上乃拜主父偃、徐樂、嚴安為郎中。偃數見，上疏言事，

詔拜偃為謁者,遷為中大夫。一歲中四遷偃。」主父偃一年之內連續四次升遷,其獻計武帝以和平的方式削減諸侯勢力,成功解決自景帝以來中央與地方間矛盾、[16]遷徙天下豪傑兼併之家於茂陵、尊立衛皇后以及舉發燕王定國的陰私,當中都有主父偃的功勞,飛黃騰達的程度讓朝中大臣「皆畏其口,賂遺累千金」,曾有人對他的專橫提出告誡,但他對於過往的際遇始終耿耿於懷,有著如下憤恨的陳述:

> 主父曰:「臣結髮游學四十餘年,身不得遂,親不以為子,昆弟不收,賓客棄我,我阸日久矣。且丈夫生不五鼎食,死即五鼎烹耳。吾日暮途遠,故倒行暴施之。」
> (《史記‧平津侯主父列傳》)

人生闖蕩四十餘年,未得志時備嘗人情冷暖,因此才會有若不能身登顯貴,列鼎而食,倒不如讓五鼎烹,不惜倒行逆施的偏激言論。另從武帝元朔二年主父偃告發齊王劉次景淫亂邪僻,武帝命其為齊相前往勘查,主父偃至齊後即遍召昆弟賓

---

16 元朔二年(公元前127年),「武帝施主父(偃)之策,下推恩令,使諸侯王得分邑以封子弟,不行黜徙,而藩國自析。」之後「大國不過十餘城」(《漢書‧諸侯王表》),諸侯王恃強難制的問題進一步獲得解決。

客，再散金與之徹底決裂的言行，[17]更彰顯出他有仇必報的剛烈性格。後因齊王自殺之事以及被告發接受諸侯賄賂而遭治罪，起初武帝對他的處置頗為猶豫，但在御史大夫公孫弘以「主父偃本首惡，陛下不誅主父偃，無以謝天下」的堅持下，最終落得滅族下場。或許是早年窮困潦倒所造成的心靈創傷，造就他極端的功利主義與仇恨心，加上本性張揚不懂收斂，在貪欲的促使下，導致自身淒慘結局，司馬遷對其遭遇有著如下的評議：「主父偃當路，諸公皆譽之，及名敗身誅，士爭言其惡。悲夫！」（《史記・平津侯主父列傳》），足見其戲劇性發展而以悲劇作結的一生。

武帝的侍中文人還有一類以侍悅人主，遊樂取笑而遭以俳優視之者，即東方朔及枚皋。劉勰《文心雕龍・諧隱》提到：「東方、枚皋，餔糟啜醨，無所匡正，而祇嫚媟弄，故其自稱「為賦，乃亦俳也，見視如倡」，亦有悔矣。[18]」兩人以反應機智靈活，言語詼諧滑稽而常待詔武帝旁。枚皋的生平據《漢書・賈鄒枚路傳》所載，他上書北闕，自陳枚乘之子。武

---

[17] 《漢書・嚴朱吾丘主父徐嚴終王賈傳》：「元朔中，偃言齊王內有淫失之行，上拜偃為齊相。至齊，遍召昆弟賓客，散五百金予之，數曰：『始吾貧時，昆弟不我衣食，賓客不我內門，今吾相齊，諸君迎我或千里。吾與諸君絕矣，毋復入偃之門！』」

[18] 〔南朝梁〕劉勰著，周振甫注：《文心雕龍》（北京：人民文學出版社，1981年），頁276。

帝得之大喜，召入見待詔，枚皋因賦殿中。枚皋不通經術，「笑類俳倡，為賦頌，好嫚戲，以故得媟黷貴幸」，他善於作賦，武帝每有行幸、巡狩、封禪或遊歷，必詔枚皋侍從，其才思敏捷，援筆成章，「上有所感，輒使賦之。為文疾，受詔輒成，故所賦者多。司馬相如善為文而遲，故所作少而善於皋。」也因跟隨從武帝遊走各處，賦作內容相當龐雜，主題從天子苑囿、封禪大事、弋獵射馭到狗馬蹴鞠，可謂無所不包，以滿足武帝日常生活中之消遣娛樂，武帝視其為倡優，名為侍中之臣實則為文學弄臣，而有「為賦乃非，見視如倡，自悔類倡也」之悔嘆。這類人如同司馬遷所言「固主上所戲弄，倡優所畜，流俗之所輕也」（〈報任安書〉）至於其賦作特色：「有詆娸東方朔，又自詆娸。其文骫骳，曲隨其事，皆得其意，頗詼笑，不甚閒靡。凡可讀者百二十篇，其尤嫚戲不可讀者尚數十篇。」骫骳（委曲婉轉）之外，當中還包含不少詼諧戲笑的成分，無怪乎武帝以俳優視之。至於東方朔，之後將以專章進行討論。

第四節　儒學獨尊的實際面貌──以經術潤飾吏事

公孫弘以牧豕之徒出身，六十高齡被拔擢為博士，當年即

升為左內史，再被提拔為御史大夫，後更躍居丞相大位，成為史上以丞相褒侯的第一人，最後還善終於相位，他的經歷被視為論證漢代人才階層流動的典型，之所以能有這樣的際遇，司馬遷曾有如下評價：

> 公孫弘行義雖修，然亦遇時。漢興八十餘年矣，上方鄉文學，招俊乂，以廣儒墨，弘為舉首。（《史記‧平津侯主父列傳》）

司馬遷肯定孫弘自身的努力，但隨即以「遇時」來解釋公孫弘得以有機會改變命運的關鍵因素即在於此。除了遇上了不論出身門第，大批平民得以進入政治體系的時代，司馬遷所謂的遇時，其實與儒學的獨尊以及發生質變有著密切的關係。首先，從《史記‧儒林列傳》可以看出漢興以來儒學發展的歷程：

> 故漢興，然後諸儒始得修其經藝，講習大射鄉飲之禮。叔孫通作漢禮儀，因為太常，諸生弟子共定者，咸為選首，於是喟然嘆興於學。然尚有干戈，平定四海，亦未暇遑庠序之事也。孝惠、呂后時，公卿皆武力有功之臣。

孝文時頗徵用,然孝文帝本好刑名之言。及至孝景,不任儒者,而竇太后又好黃老之術,故諸博士具官待問,未有進者。及今上即位,趙綰、王臧之屬明儒學,而上亦鄉之,於是招方正賢良文學之士。……及竇太后崩,武安侯田蚡為丞相,絀黃老、刑名百家之言,延文學儒者數百人,而公孫弘以春秋白衣為天子三公,封以平津侯。天下之學士靡然鄉風矣。

漢高祖劉邦以布衣之身起事反秦,逐漸建立起功臣集團,他起初怠慢儒生,後雖接受陸賈「安能以馬上治之」的建議,亦在叔孫通的要求下拔擢一批起朝儀的儒士,但整體而言協助他治國理民主要還是當年一起打天下的功臣。文景之朝大抵仍是這樣的格局,因此當部分嶄露頭角的士人,對布衣將相構成威脅,往往遭受到群起排擠,賈誼悲劇性的遭遇就是典型的例子,布衣將相之局直到武帝一朝才發生徹底性的變化。[19]

在漢初的幾十年裡,高祖本不好儒且尚有干戈,「亦未皇庠序之事」(《漢書‧儒林傳》),文帝好刑名之言,景帝時

---

[19] 《後漢書‧朱佑傳》:「自茲以降,迄于孝武,宰輔五世,莫非公侯。遂使縉紳道塞,賢能蔽壅,朝有世及之私,下多抱關之怨。其懷道無聞,委身草莽者,亦何可勝言。」

竇太后喜黃老之術，在竇氏打壓之下「諸博士具官待問，未有進者」，然而至武帝時面對嶄新之政治形勢，已到了非變不可的地步，積極奮起乃時勢發展之必然，在武帝內興外作的政治環境下，儒家思想逐漸躍上歷史舞台。

隨著「罷黜百家，獨尊儒術」的政策，以及設置五經博士和建太學，置博士弟子員，更加確立儒學在武帝朝的地位。在政府重視儒學的時代背景下，儒學與官吏選拔相結合已然成為趨勢，儒生成為政府官吏選拔時的主要候選者，武帝在位期間屢召賢良儒者，在人才的施用上以「好儒術」的竇嬰、田蚡分別掌管政治及軍事大權。丞相公孫弘善治《春秋》，御史大夫兒寬善治《尚書》，逐步建構以儒學為基礎的統治思想。因此在武帝一朝，儒學與專制政體趨於密切，對於儒學的推崇，竇嬰、田蚡倡於前，董仲舒的尊儒主張扮演了關鍵角色，董氏從理論上確立儒術獨尊的重要性及必要性，公孫弘則是通過實際措施，從制度面及法律面給予儒學發展更實質的依據，《史記‧儒林列傳》載「公孫為學官，悼道之郁滯」，建議為博士官置弟子員五十人，開經藝之試，「能通一藝以上，補文學掌故缺；其高第可以為郎中」，公孫弘的主張得到朝廷採納，「自此以來，則公卿大夫士吏斌斌多文學之士矣」，大大提高儒學的地位，同時使儒學隊伍保持一定規模，從儒者當中擇優

充實各級官吏，也替儒學在統治地位上提供了保障。只是此時的儒學與先秦傳統儒家思想早已大異其趣，成為一套專為大漢帝國專制政治服務的工具，《漢書・循吏傳》記載：

> 孝武之世，外攘四夷，內改法度，民用凋敝，奸軌不禁。時少能以化治稱者，惟江都相董仲舒、內史公孫弘、兒寬，居官可紀。三人皆儒者，通於世務，明習文法，以經術潤飾吏事，天子器之。仲舒數謝病去，弘、寬至三公。

儒學受專制皇權青睞獲得了獨尊地位，也開始發生深刻的轉變，成為大一統政治格局的理論基礎，在政治力量的塑造下成為官方的意識形態。[20] 上則引文提到的三位大儒，之所以深受武帝器重共同的原因之一，在於「以經術潤飾吏事」，亦即

---

20 李景明認為：「儒學官學化，給儒學的發展提供了與私學時期的不同環境和條件。例如儒學得以和王權結合，實現了儒家夢寐以求的將儒學在『天下』推行的願望，使越來越多的人學習、信奉儒家學說等。但是，也會產生官學所不可避免的一些弊端。例如，儒學必須受王權支配，更多地為論證當時的封建王朝統治天下的合理性、現實性服務，研究者魚龍混雜，不少人以學習研究儒家典籍作為獵取功名的手段，導致經學的支離、煩瑣和神秘化等等。」見氏著：《中國儒學史》（秦漢卷），（廣州：廣東教育出版社，1998年），頁122-123。

儒學實際上也不過是武帝「多欲」政治下的點綴，其中公孫弘和兒寬分別以治《春秋》和《尚書》而獲徵用，之後更位至三公，是武帝時期儒生當中最為顯達的代表，除此之外還有張湯、桑弘羊一類弄法興利之徒，[21]尊儒不過是表象，崇法才是維繫整個大一統政治的關鍵手段。這批漢儒以順從武帝為能事，並與弄法官吏相配合，淪為武帝酷吏政治的打手，儒學成為法律的指導思想，錢穆即以「漢廷用儒術，其先蓋與吏治相援」[22]概括此一時期儒術與政治的關係，因此武帝朝出現了一批儒者與酷吏，甚或兩種身份合而為一的人物。對此《史記》中多所揭露，除了「習文法吏事，而又緣飾以儒術」的公孫弘外，兒寬也是這樣的人物，《漢書・公孫弘卜式兒寬傳》言其「為人溫良，有廉知自將，善屬文然儒於武，口弗能發明也」，兒寬起初僅任廷尉張湯之文學卒吏，然當時「廷尉府盡用文史法律之吏，而寬以儒生在其間，見謂不習事，不署曹，除為從史，之北地視畜數年」，直到張湯擔任御史大夫，兒寬才有機會晉見武帝，「見上，語經學，上說之，從問《尚書》

102

一篇，擢為中大夫，遷左內史。」兒寬之後上奏〈議封禪對〉，獲武帝拜為御史太夫，其所以獲武帝提拔，主要也是因為以經術緣飾政事。又如董仲舒的弟子呂步舒，據《史記‧儒林列傳》所載：「仲舒弟子遂者，……溫呂步舒。……步舒至長史，持節使決淮南獄，於諸侯擅專斷，不報，以春秋之義正之，天子皆以為是。」呂步舒在淮南大案的審訊中以《春秋》決獄為劉安羅織罪名。武帝朝政權的核心分子，是以張湯為主的酷吏，《史記‧酷吏列傳》記載：

> 是時上方鄉文學，湯決大獄，欲傳古義，乃請博士弟子治尚書、春秋補廷尉史，亭疑法。……上所是，受而著讞決法廷尉，絜令揚主之明。所治即上意所欲罪，予監史深禍者；即上意所欲釋，與監史輕平者……而刻深吏多為爪牙用者，依於文學之士。丞相弘數稱其美。

武帝倡行尊儒，張湯每判大案，欲使皆合古聖之義理，便請研治《尚書》、《春秋》的博士弟子任廷尉史，審案時同樣揣度聖意，順隨主上之法，[23] 其手下也因懂得「依於文學之

---

23 汲黯亦曾嚴詞批判張湯專阿主意的行為，《史記‧汲鄭列傳》：
「御史大夫張湯智足以拒諫，詐足以飾非，務巧佞之語，辯數之辭，非肯正為天下言，專阿主意。主意所不欲，因而毀之；主意

士」來粉飾酷法，而屢獲丞相公孫弘的稱讚，當時甚至「天下
事皆決於湯」（《史記・酷吏列傳》），張湯的得勢呈現了武
帝尊儒背後的真實面貌。而當時憑藉儒學獲取高官厚祿如公孫
弘、兒寬者，則成為以儒術取貴的典型，在「勸以利祿」[24]政
策吸引下，天下學士欣然向儒，不少儒生以取得功名為人生目
標，誠如《史記・游俠列傳》所言：「學士多稱於世云。至如
以術取宰相卿大夫，輔翼其世主，功名俱著於春秋，固無可言
者。」然而過往儒家思想士之所以為士的高貴價值，基本上已
不再那麼重要，導致日後儒士群體瀰漫著功利主義，對於當時
學風多少造成不良的影響，[25]儒家道德的實踐對他們而言也不
再只是人生理想的最高準則，而是官場的敲門磚，公孫弘「令

所欲，因而譽之。好興事，舞文法，內懷詐以御主心，外挾賊吏
以為威重。」

[24] 《漢書・儒林傳》贊云：「自武帝立五經博士，開弟子員，設科
射策，勸以官祿，訖於元始，百有餘年，傳業者寖盛，支葉蕃
滋，一經說至百餘萬言，大師眾至千餘人，蓋祿利之路然也。」

[25] 劉澤華對於武帝獨尊儒術以及以儒取士所造成的影響，有如下的
評價，詳實概括出當時士人與皇權間的關係以及士風之發展。其
云：「多數士人不再把儒學作為『道』來追求，而是把它作為入
仕的敲門磚；同時，由於儒學在很大程度上被置於皇權支配之
下，變成了政治的一部分，它本身也便失去了學術文化上的獨立
與超越性格。其二，士人，主要是儒士，為了擠進官僚行列，他
們自覺或不自覺地把自己降為皇權的從屬物和工具，這種品性的
士人所釀造出的思想文化產品，自然大都是為皇權服務的。」見
劉澤華主編：《士人與社會》（秦漢魏晉南北朝卷）之「序
說」，（天津：天津人民出版社，1992年）。

人主自折，不肯面折庭爭」以及兒寬「以和良承意從容得久，然無有所匡諫；於官，官屬易之，不為盡力」的態度，對於武帝幾無指陳，屈己崇君，全然臣服在獨大的皇權之下，士人實際上已被奴僕化、工具化。

　　從通仕顯名，為政權所用的角度而論，公孫弘等輩算是幸運的，有更多的士人同處在選才不拘一格，又廣開門路的時代，仍是欲進不能，或明明已近在君側，卻未受重用，或如同俳優般受主上輕視戲弄，內心極其苦悶，「悲士不遇」如同一股蟄伏於繁華盛世下的暗流。東方朔、董仲舒、司馬遷，同為班固《漢書》中所羅列的重要人才，分別以滑稽、儒雅、文章著稱於世，為武帝朝不同類型士人的代表，他們的身世、性格、經歷、遭遇各異，卻都曾以「不遇」為題抒發內心感慨，以下各章將分別討論東方朔、董仲舒及司馬遷生平際遇及其不遇之作。

第四章 終不見用的滑稽之雄——東方朔 及其〈答客難〉

　　個人色彩極為鮮明的東方朔為漢武帝時期的言語侍從，其以滑稽調笑、頡頏傲世的性格綜橫武帝朝堂，言行「人主未嘗不說（悅）也」，留下許多精彩的智慧機鋒，二十出頭即負才自諫，展現「可以為天子大臣」的企圖，武帝對其才華亦頗為賞識，除了言語侍從的角色外，東方朔亦如諫臣，對於武帝施政得失多所指陳，提出不少匡正之道，卻被武帝閒置為郎，見視如倡，始終未獲重用，只得隱身朝廷，並透過誡子抒發心志，對於自身際遇始終抑鬱不滿，其〈答客難〉採主客問答的形式探討君臣遇合，成為宣洩苦悶心境之代表作，也是現存最早以遇與不遇為題的設辭類作品，全文多方論證士人處於太平盛世卻有志難伸的原因，同時抒發未逢縱橫之時，以至於「賢不肖何異哉」的無奈。本章透過東方朔生平行事、作品特色、人格特質，討論其人生際遇，進而分析其何以未獲重用之因。

第一節　東方朔生平及其學說思想概述

　　東方朔生於西漢文帝後元三年（公元前161年），卒於漢
武帝征和初年（公元前93年）前後，其生平事蹟可從《史記‧
滑稽列傳》、《漢書‧東方朔傳》及歷代文人的記、論之作來
掌握。據《漢書‧東方朔傳》所載，建元元年（公元前140
年）武帝即位之初「徵天下舉方正賢良文學材力之士，待以
不次之位，四方士多上書言得失，自衒鬻者以千數，其不足采
者輒報聞罷」，此次東方朔應詔至長安，上書曰：

　　　臣朔少失父母，長養兄嫂。年十三學書，三冬文史足
　　用。十五學擊劍。十六學詩書，誦二十二萬言。十九學孫
　　吳兵法，戰陣之具，鉦鼓之教，亦誦二十二萬言。凡臣朔
　　固已誦四十四萬言。又常服子路之言。臣朔年二十二，長
　　九尺三寸，目若懸珠，齒若編貝，勇若孟賁，捷若慶忌，
　　廉若鮑叔，信若尾生。若此，可以為天子大臣矣。臣朔昧
　　死再拜以聞。[1]

---

[1]　〔漢〕班固撰；〔唐〕顏師古注；楊家駱主編：《漢書》（台
　　北：鼎文書局，1986年），頁2841。本章所引之《漢書》皆以此
　　版本為據，以下僅注篇名，不再另注版本出處。

〈應詔上書〉記載了東方朔的家世背景及學習歷程，上述經歷讓他「文辭不遜，高自稱譽」，文中極盡誇耀自身學養豐富、儀表堂堂以及品格優良，流露出意氣風發的自信以及渴望「為天子大臣」的企圖，在展現博學多聞、文武雙全之餘，也反映出其所學的駁雜。此次上書自薦初獲武帝注意，不過並非因倡言得失之事，而是因言辭詼諧，但也僅是「待詔公車，奉祿薄，未得省見」，之後他憑紿騶侏儒得以親見武帝，表明「臣言可用，幸異其禮；不可用，罷之，無令但索長安米」的立場，結果「上大笑，因使待詔金馬門，稍得親近」，其後又透過射覆以及與郭舍人倡辯等滑稽言行，使「上以朔為常侍郎，遂得愛幸」。

　　《漢書・東方朔傳》載錄了不少他的滑稽言行，除了欺騙侏儒，與郭舍人論辯爭寵，另有射覆得財以及伏日取胙而歸等，這些以術娛君、悅君取寵的言行，生動反映出其機智敏捷、能言善辯的形象。他以狂者之姿縱橫於武帝朝堂，「人主左右諸郎半呼之『狂人』」[2]（《史記・滑稽列傳》），還曾「醉入殿中，小遺殿上，劾不敬」，而被免為庶人，待詔宦者

---

[2] 〔漢〕司馬遷撰；〔劉宋〕裴駰集解；〔唐〕司馬貞索隱；〔唐〕張守節正義：《史記》（台北：鼎文書局，1981年），頁3205。本章所引之《史記》皆以此版本為據，以下僅注篇名，不再另注版本出處。

署，甚至「自公卿在位，朔皆敖弄，無所為屈」，《漢書》本傳載錄一段他與漢武帝的對話：

> 上以朔口諧辭給，好作問之。嘗問朔曰：「先生視朕何如主也？」朔對曰：「自唐虞之隆，成康之際，未足以諭當世。臣伏觀陛下功德，陳五帝之上，在三王之右。非若此而已，誠得天下賢士，公卿在位咸得其人矣。譬若以周邵為丞相，孔丘為御史大夫，太公為將軍……上乃大笑。

他先極其誇讚武帝賢德勝過五帝三王，再進言為政宜得天下賢士，務使人盡其才，然其所推舉者皆為古之賢者能臣，武帝聞之因而大笑。又如武帝要東方朔與當世賢材相比，問其有何出眾之處，[3] 他言詞誇張嘲諷當前這班姿態拘謹，老態龍鍾的群臣，同時稱譽自己「雖不肖，尚兼此數子者」，此等戲謔

---

[3] 《漢書·東方朔傳》：「是時朝廷多賢材，上複問朔：『方今公孫丞相、兒大夫、董仲舒、夏侯始昌、司馬相如、吾丘壽王、主父偃、朱買臣、嚴助、汲黯、膠倉、終軍、嚴安、徐樂、司馬遷之倫，皆辯知閎達，溢于文辭，先生自視，何與比哉？』朔對曰：『臣觀其齒牙，樹頰胲，吐脣吻，擢項頤，結股腳，連脽尻，遺蛇其跡，行步偊旅，臣朔雖不肖，尚兼此數子者。』」朔之進對澹辭，皆此類也。」

天子、傲視公卿之舉，足見其高度自信及對權威的蔑視。根據這些行事，無怪乎《漢書・東方朔傳》予其「滑稽之雄」的評價，也是一般對於東方朔的普遍形象。

相較於《史記》側重於東方朔性格的描寫，《漢書》除了表現其狂傲不羈、滑稽調笑，對於東方朔的政治才能亦多所記載，且班固為東方朔獨立作傳，頗有將其視為一代名士的意味。東方朔的另一重性格──「朔雖詼笑，然時常觀察顏色，直言切諫，上常用之」（《漢書・東方朔傳》），他才高志遠，對於政治的敏銳及灼見表現在多次的直言極諫，諸如帝姑館陶公主愛幸男寵董偃，武帝召與遊樂，又為「竇太主（館陶公主）至酒宣室，使謁者引內董君」，東方朔甘冒得罪館陶公主及武帝的風險，不惜持戟於宣室殿臺階前，數落「董偃有斬罪三，安得入乎？」切諫宣室乃「先帝之正處也，非法度之政不得入焉」，力阻董偃侍宴宣室，以防淫亂非禮。又如武帝為了維護先帝法紀，忍痛誅外甥昭平君，當武帝為之垂涕嘆息，哀不能自止，左右盡悲。朔前上壽曰：「臣聞聖王為政，賞不避仇讎，誅不擇骨肉。……陛下行之，是以四海之內元元之民各得其所，天下幸甚！臣朔奉觴，昧死再拜上萬歲壽」，就武帝公正不阿，未因徇情而廢法，公然表示祝賀。以及建元三年（公元前138年），吾丘壽王奏起建上林苑，武帝大悅稱善，

東方朔撰〈諫起上林苑疏〉，洋洋列舉出反對修建上林苑的三大理由：

> 今規以為苑，絕陂池水澤之利，而取民膏腴之地，上
> 乏國家之用，下奪農桑之業，棄成功，就敗事，損耗五
> 穀，是其不可一也。且盛荊棘之林，而長養麋鹿，廣狐兔
> 之苑，大虎狼之虛，又壞人塚墓，發人室廬，令幼弱懷土
> 而思，耆老泣涕而悲，是其不可二也。斥而營之，垣而圍
> 之，騎馳東西，車騖南北，又有深溝大渠，夫一日之樂不
> 足以危無堤之輿，是其不可三也。故務苑囿之大，不恤農
> 時，非所以強國富人也。（《漢書・東方朔傳》）

他以史為鑒嚴詞告誡武帝切勿因奢靡遊獵而奪農桑之業，當以富國民安為首要考量。又如見於《漢書》本傳的〈化民有道時〉，乃因漢武帝太初元年，起建章宮後之隔年，有感當時「天下侈靡趨末，百姓多離農畝」，以「吾欲化民，豈有道乎」垂詢東方朔，東方朔嚴正指出造成當時社會侈靡的根本原因在於上行下效，力勸武帝應效法文帝簡樸尚仁，「以道德為麗，以仁義為準」，戒侈靡，遠淫逸，以農為本節儉為尚，天下方能「望風成俗，昭然化之」。爬梳《史記》、《漢書》，

東方朔至少有七次諫言，[4]在面對嚴肅的政治議題時，他或不正面交鋒，以委婉精當的言語技巧進行諷諫；或疾言直諫，不惜逆鱗犯上，展現出議政時的理性及嚴肅，以及為世所用的企圖。

《漢書》本傳認為東方朔之文辭以〈非有先生論〉及〈答客難〉二篇最善，可謂其一生政治理念之表述。〈非有先生論〉借古諷今，假托非有先生進諫吳王之事，先闡發士人對於進諫招禍的恐懼，由此申說君主察言納諫的重要性：

> 非有明王聖主，誰能聽之？……故直言其失，切諫其邪者，將以為君之榮，除主之禍也。今則不然，反以為誹謗君之行，無人臣之禮，果紛然傷于身，蒙不辜之名，戮及先人，為天下笑，故曰談何容易！是以輔弼之臣瓦解，而邪諂之人並進。……故卑身賤體，說色微辭，愉愉呴

4　除了諫起上林苑、斥責館陶公主違背禮制寵幸董偃，反對董偃入宣室、慶賀諸昭平君以明正典刑、諫止奢靡趨末之風的〈化民有道對〉，還有元封元年諫言勸武帝「自赴海求蓬萊」（見《資治通鑒》卷二十：「天子既已封泰山，無風與……仙人將自至」），與元封五年勸言方士樂大荒唐無狀。《史記‧孝武本紀》正義注引《漢武故事》：「東方朔言樂大無狀，上發怒，乃斬之。」以及《史記‧滑稽列傳》載東方朔臨死前以《詩經‧小雅‧青蠅》之「營營青蠅止於蕃，愷悌君子，無信讒言。讒言罔極，交亂四國」，規諫武帝當「遠巧佞，退讒言」。

响，終無益於主上之治，則志士仁人不忍為也。將儼然作
矜嚴之色，深言直諫，上以拂主之邪，下以損百姓之害，
則忤於邪主之心，歷於衰世之法。故養壽命之士莫肯進
也。……如是，邪主之行固足畏也，故曰談何容易！
（《漢書・東方朔傳》）

文中以非有先生在吳國「進不能稱往古以廣主意，退不能
揚君美以顯其功，默然無言者三年矣」，反映士人進退兩難的
處境，文中多次以「談何容易」來加重語勢，強調人臣直言極
諫之難，特別是處在當今大一統專制壓力下士人話語權早已被
縮限，甚至被剝奪，唯有遇到「心合意同」，願意納諫的明王
聖主，方能「謀無不成，計無不從」。人臣進諫固難，主上願
意納諫更是難上加難，藉以苦心呼告武帝當以吳王為鑑，遠佞
人、近賢者，「深念遠慮，引義以正其身，推恩以廣其下，本
仁祖義，襃有德，祿賢能，誅惡亂，總遠方，一統類，美風
俗」，則可實踐帝王昌盛，治國安民的理想。然而現實處境中
的他力行非有先生之道，卻不盡如其意，晚年所作之〈答客
難〉乃其抒發一生懷才卻未能得遇的代表作。

第二節　用位卑以自慰諭——東方朔及其〈答客難〉

《漢書‧東方朔傳》中載錄了〈答客難〉的寫作背景、目
的及主題思想：

> 武帝既招英俊，程其器能，用之如不及。時方外事胡
> 越，內興制度，國家多事，自公孫弘以下至司馬遷皆奉使
> 方外，或為郡國守相至公卿，而朔嘗至太中大夫，後常為
> 郎，與枚皋、郭舍人俱在左右，談啁而已。久之，朔上書
> 陳農戰強國之計，因自訟獨不得大官，欲求試用。其言專
> 商鞅、韓非之語也，指意放蕩，頗復談諧，辭數萬言，終
> 不見用。朔因著論，用位卑以自慰諭。[5]

他從二十歲負才自薦，對自身才學極富自信，武帝雖既招
英俊，程其器能，用之如不及，但是他卻始終與枚皋、郭舍人

---

[5] 《史記》、《漢書‧東方朔傳》中均收有〈答客難〉，亦被載入
《昭明文選》，由於年代久遠，文字稍有出入，傅春明參照其他
文本進行校訂，差異處均釋於注文之中，本文所引以傅氏《東方
朔作品輯注》（山東：齊魯書社，1987年），頁23-36為據。傅氏
以《漢書‧東方朔傳》：「久之，朔上書陳農戰強國之計，因自
訟獨不得大官，……終不見用。朔因著論，用位卑以自慰諭。」
及文中「積數十年，官不過侍郎」等句，認為〈答客難〉當作於
東方朔六十歲之後。見氏著：《東方朔作品輯注》，頁25。

同為詼啁之輩，故欲求重用，其辭數萬言，仍終不見用，內心幽憤難平，遂作此篇宣洩牢騷，以自慰表志。

全文分為設難及答難兩部分，借客之口先以蘇秦、張儀遇上萬乘之主，皆取得卿相之位，並澤及後世為例，詰問其亦「修先王之術，慕聖人之義，諷誦詩書百家之言，不可勝記」且「悉力盡忠，以事聖帝，曠日持久，積數十年」，為何「官不過侍郎，位不過執戟，意者尚有遺行邪？同胞之徒無所容居」，質疑其才能及品德當有未盡之處。對此，東方朔進行答難，以「彼一時也，此一時也，豈可同哉」，一語直指蘇、張所處乃「周室大壞，諸侯不朝，力政爭權，相禽以兵，並為十二國，未有雌雄，得士者強，失士者亡，故談說行焉」的黃金時期，當時士人可坐而論道，平交於王侯，故能身處尊位，澤及後世。如今「時異事異」，感慨身在「聖帝流德，天下震慴，諸侯賓服，連四海之外以為帶；安於覆盂，動猶運之掌」的大一統時代，此時「天下無害災，雖有聖人，無所施才；上下和同，雖有賢者，無所立功」，藉此回應客之詰問，文中對於此一時代士人的處境有著深刻的描繪：

　　故綏之則安，動之則苦；尊之則為將，卑之則為虜；
　抗之則在青雲之上，抑之則在深泉之下；用之則為虎，不

用則為鼠。雖欲盡節效情,安知前後?夫天地之大,士民之眾,竭精談說,並進輻湊者不可勝數。悉力慕之,困於衣食,或失門戶。

　　少了亂世憂患,想要成就一番驚天動地的功業已無可能,再加上「今以天下之大,士民之眾,竭精馳說,並進輻湊者,不可勝數」(《史記・滑稽列傳》),士人數量遽增,賢與不肖間了無分別,士人更顯得無足輕重。當今「賢不肖何以異哉」[6],再也不是憑藉自身努力便可出頭的時代,士人或尊或卑、或用或棄,完全取決於君主個人的主觀好惡,無怪乎自己職小位卑。文中另援舉樂毅、李斯、酈食其等人遊說之辭備受採納,得以一展長才,也是「遇其時也」[7]所致,更明言倘若蘇秦、張儀等輩生於當世,恐怕也是「不得掌故,安敢望常侍郎乎」,其以犀利之筆,激越之情為己身際遇大鳴不平,文末嘲諷客不知時勢之變而終惑於大道,也是基於士之尊嚴來對當時「以下愚(之智)而非(議)處士」者予以回擊。義正嚴詞

[6] 此句見於《史記》,《漢書・東方朔傳》中未有,按《史記》、《漢書》所載之〈答客難〉文字稍有出入,本文所採以《漢書》為主。

[7] 〈答客難〉:「若夫燕之用樂毅,秦之任李斯,酈食其之下齊,說行如流,曲從如環,所欲必得,功若丘山,海內定,國家安,是遇其時也。」

背後所流露的，是對自己仕途浮沉數十載，已近遲暮卻終不見用的憤懣與悲哀。

懷抱用世之志卻始終被武帝見待如倡，面對理想抱負難以實踐的現實，他以詼諧佯狂之姿，不卑不亢處於朝堂之上，以朝隱[8]作為入仕與歸隱間的最佳平衡，據《史記・滑稽列傳》褚少孫補述記載：

> 朔任其子為郎，又為侍謁者，常持節出使。朔行殿中，郎謂之曰：「人皆以先生為狂。」朔曰：「如朔等，所謂避世於朝廷閒者也。古之人，乃避世于深山中。」時坐席中，酒酣，據地歌曰：「陸沈於俗，避世金馬門。宮殿中可以避世全身，何必深山之中，蒿廬之下。」金馬門

---

[8] 關於朝隱觀念的萌發，楊芮芳指出應出自《莊子・繕性》：「世與道相喪也，道之人何由興乎世，世亦何由興乎道哉！道無以興乎世，世無以興乎道，雖聖人不在山林之中，其德隱矣。隱，故不自隱。古之所謂隱士者，非伏其身而弗見也，非閉其言而不出也，非藏其知而不發也，時命大謬也。當時命而大行乎天下，則反一無跡；不當時命而大窮乎天下，則深根寧極而待。此存身之道也。」提出聖人雖居朝市，無異山林的見解；而該詞「最早見於揚雄《法言・淵騫》：「或問：『柳下惠非朝隱者與？』」清・王寶榮《法言義疏》：「此問發於東方朔也。」晉・夏侯湛《東方朔畫贊》：「染迹朝隱，和而不同。」見氏著：〈東方朔之人格與作品風隔蠡探〉，《東方人文學誌》，第6卷第4期，2007年，頁66。

者，宦者署門也，門傍有銅馬，故謂之曰「金馬門」。

　　由上述〈據地歌〉觀之，東方朔認為避世於金馬門[9]（朝廷）等同於山林隱逸，亦可避世全身，何必非得在深山之中，蒿廬之下，因此〈答客難〉文末提出面對難以出頭的時勢，唯一的自處之道就是保全以修身，以待見用之日，他以姜太公自勉，以其之所以能於七十二歲終獲文王、武王重用，受封於齊，傳國七百年而不絕，即在於「體行仁義」，即使當前無以為用，但「安可以不務修身乎哉」、「苟能修身，何患不榮」、「士所以日夜孳孳，敏行而不敢怠也」，以詼諧滑稽朝隱，堅持修身不懈，期勉完善道德修養以求身心安頓，展現出東方朔的處世哲學及狂妄外衣下不願苟同於流俗的性情。《漢書‧東方朔傳》說他：「非夷齊而是柳下惠，戒其子以上容」，晚年以容身避害乃處世上策來告誡其子，〈誡子詩〉完整內容如下：

9　金馬門為漢代未央宮宮門，原名魯班門，其得名源自未央宮宦者署門前之金馬。《漢書‧公孫弘卜式兒寬傳》載公孫弘：「召入見，容貌甚麗，拜為博士，待詔金馬門」，顏師古注引如淳之語曰：「武帝時，相馬者東門京作銅馬法獻之，立馬于魯班門外，更名魯班門為金馬門」，《後漢書‧馬援傳》亦載：「孝武皇帝時，善相馬者東門京鑄作銅馬法獻之，有詔立馬于魯班門外，則更名魯班門曰金馬門。

明者處事，莫尚於中，優哉游哉，與道相從。首陽為拙；柳惠為工。飽食安步，在仕代農。依隱玩世，詭時不逢。是故才盡者身危，好名者得華；有群者累生，孤貴者失和；遺余者不匱，自盡者無多。聖人之道，一龍一蛇，形見神藏，與物變化，隨時之宜，無有常家。[10]

他認為明智者的處世態度莫過於從容自在又能合乎中道，伯夷、叔齊雖德行清高卻拙於處世，當如柳下惠不論世之治亂皆不改其道才是最高明巧妙之舉。衣食飽足安然自處，以做官治事代替隱退耕作。即使身在朝廷但恬淡謙退，仍可如隱者般悠然，雖不迎合時勢，但也不會遭到禍害。聖人處世行、藏、動、靜必須能因時制宜，而非拘泥不變。詩末六句更與《莊子・山木》之「無譽無訾，一龍一蛇，與時俱化，而無肯專為」同調，顯然是道家之避世思想。[11]堅持自我人格又得以保全避世，儒道思想的兼容為他指引出一條安身立命的道路。

---

[10] 傅春明：《東方朔作品輯注》，頁90。

[11] 傅春明提出東方朔晚期的作品有明顯的黃老思想，以其出生於崇黃老而薄儒術時代，所學又為雜家，在為之奮鬥一生的政治理想破滅後，在思想與感情上復歸為道家自是十分自然，其〈據地歌〉、〈誡子詩〉等作品所反映的就是道家遁世避俗，緣督為經的處世哲學，因此晚期的作品都帶有自我人生道路和生活經驗的總結意味。見氏著：《東方朔作品輯注》，頁22-23。

第三節　東方朔不遇之因探析

東方朔懷抱強烈入仕之志，渴望成為天子大臣，也多次上書直言，批評時政頗有見地，基本上武帝對於他的能力也是抱持著肯定的態度，否則不會在聽到左右呼其為「狂人」後，而有「今朔在事無為是行者，若等安能及之哉！」（《史記・滑稽列傳》）」的回應。對於他「官不過侍郎，位不過持戟」的原因大抵可以從以下兩方面來說明。首先，從先前〈應詔上書〉可知其所學駁雜，《漢書・藝文志》將其列為雜家。據《漢書・武帝紀》記載：

> 建元元年冬十月，詔丞相、御史、列侯、中二千石、二千石、諸侯相舉賢良方正直言極諫之士。丞相綰奏：「所舉賢良，或治申、商、韓非、蘇秦、張儀之言，亂國政，請皆罷。奏可。

武帝「奏可」衛綰的建議，象徵此時儒家思想已占上風，七年之後即元光元年再次下詔選士，只令「郡國舉孝廉各一人」，於是儒家人物「公孫弘、董仲舒輩出焉」，從這兩次的選士可知武帝朝獨尊儒術的格局大抵建立，之後董仲舒「諸不

在六藝之科孔子之術者，皆絕其道，勿使並進」的奏議只是明文確定儒家的地位，因此東方朔向武帝「上書陳農戰彊國之計」、「言專商鞅、韓非之語」其學說顯然已不合時宜。他在〈答客難〉對蘇秦、張儀「一當萬乘之主，而都卿相之位，澤及後世」，對於那個縱橫之士得以生存的社會環境及政治格局流露出無限的嚮往，然而漢武帝為鞏固大一統格局，在其多方打擊之下，諸侯王及大臣們皆不敢再養士，「自魏其、武安、淮南之後，天子切齒，衛霍改節」（《漢書‧游俠傳》），學習縱橫之術在當時不僅已無市場，更被視為異端，以主父偃為例，他本學「長短縱橫之術」，頗有辯才謀略，然而「游齊諸生閒，莫能厚遇也。齊諸儒生相與排擯，不容於齊。家貧，假貸無所得，乃北游燕、趙、中山，皆莫能厚遇」（《史記‧平津侯主父列傳》），為了迎合政治形勢也改弦易轍，「晚乃學易、春秋、百家言」，也無怪乎東方朔「辭數萬言，終不見用」。

再者，雖然他多次憑藉著滑稽詼諧、言辭敏捷成功吸引武帝的注意，對於時政也勇於提出建言以力求仕進，但從《漢書‧東方朔傳》可知，他以「糞土愚臣，忘生觸死，逆盛意，犯隆指」規勸武帝勿窮奢極欲，諫起上林苑，武帝雖拜其為「太中大夫、給事中，次黃金百斤」，但最終的結果卻是「然

遂起上林苑，如壽王所奏云」。對於館陶公主私幸董偃，東方朔諫阻其入宣室，武帝雖改在北宮置酒，並賜東方朔黃金三十斤，但還是「引董君從東司馬門」入，又如在〈化民有道對〉中批評武帝「以城中為小，圖起建章」，力諫武帝戒淫侈，當以崇德尚儉為務，但武帝在建章宮之後又續修了明光宮，武帝對其諫諍用之有限的原因之一，在於他大多站在以民為本的角度發聲，與統治集團利益有著根本性的衝突，特別是與武帝好大喜功的性格相抵觸，加上進諫時或出言不遜，如前述〈諫起上林苑疏〉毫無顧忌指陳武帝缺失，甚至還以「夫殷作九市之宮而諸侯畔，靈王起章華之台而楚民散，秦興阿房之殿而天下亂」相比擬；或不視時機，如隆慮公主之子昭平君觸法判死，武帝正「為之垂淚嘆息良久」、「哀不能自止，左右盡悲」，東方朔竟上前奉觴祝壽，武帝對其突如其來之舉深感不悅，以「時然後言，人不厭其言」責備東方朔此番言行時機不當，即使東方朔又侃侃論述一番道理，但這種有失君臣倫常的舉止，不懂適時順隨君心，體察上意，若非滑稽這層外衣，東方朔最後豈能安然而終？[12]正因如此，他被武帝幸留，「常在側侍

---

12 清人趙翼對於東方朔上書自薦、紿騶侏儒、歲盡棄婦、小遺殿上、調笑郭舍人、割肉遺細君等狂妄言行也認為：「其狂肆自舉如此，使在後世，豈不以妄誕得罪？」見〔清〕趙翼著、王樹民

中,數召至前談語,人主未嘗不說也」(《史記‧滑稽列傳》),不過只是因其詼諧調笑及口才便給,故與「枚皋、郭舍人俱在左右,詼啁而已」,武帝對於身邊這樣的人才,呈現出一種帝王遊戲的心態,在武帝眼中他們言辭精妙、詼諧幽默,但就僅止於倡優般專責於談笑取樂而已。

　　東方朔過於鮮明的人格特質,也是他始終未獲重用的關鍵,從〈上書自薦〉的「文辭不遜,高自稱譽」,到〈答客難〉借客之口中言己「海內無雙,可謂博聞辯智」,自視甚高,姿態狂妄,[13]又如何臣服於武帝這樣的一代雄主之下?只能說滑稽調笑起初或許只是他博取武帝注意及一時歡喜的手段,也是他縱橫朝堂的保全之法,但也因此為自己塑造了難以轉變的形象,致使武帝視之如倡優,從而淡化了他忠言極諫時的嚴肅,或許他放蕩不羈的怪誕言行多數時候是刻意而為,特

校正:《二十二史劄記校正》(北京:中華書局,1984年),頁49。

[13] 錢鍾書曾以「大言不慚」評價東方朔〈應詔上書〉,認為該文影響後世上書一體,其云:「朔此篇干進而似勿屑乞憐,大言不慚;後世游士自衒自媒,或遙師,或暗合,遂成上書中一體。唐文如員半千〈陳情表〉、李白〈與韓荊州書〉、〈上安州裴長史書〉、韓熙載〈上睿皇帝行止狀〉(《全唐文》卷一六五、三四八、八七七)等皆所謂『高自稱譽』者,朔〈書〉之遺意也。」見氏著:《管錐篇》(三)〈全漢文卷二五〉,(上海:生活‧讀書‧新知三聯書店,2001年),頁1488。

別是為了能在武帝及權貴前堅守住最基本的人格與尊嚴,如同晉代夏侯湛〈東方朔畫贊並序〉對東方朔的評價:

> 先生瑰瑋博達,思周變通,以為濁世不可以富貴也,故薄遊以取位;苟出不可以直道也,故頡頏以傲世。傲世不可以垂訓也,故正諫以明節。明節不可以久安也,故談諧以取容。……夫其明濟開豁,包含弘大,淩轢卿相,嘲哂豪桀,籠罩靡前,跆籍貴勢,出不休顯,賤不憂戚,戲萬乘若寮友,視儔列如草芥。雄節邁倫,高氣蓋世,可謂拔乎其萃,游方之外者已。[14]

他讚譽東方朔博學多聞並懂得變通,既正諫以明節又能保全自身,才學與智勇兼備,又說他「敖弄公卿」、「無所為屈」、「淩轢卿相,嘲哂豪桀,籠罩靡前,跆籍貴勢,出不休顯,賤不憂戚,戲萬乘若寮友,視儔列如草芥」,故能逍遙託身於朝廷,傲立於世,具有游方之外的傳奇色彩。然而此等逾越常規禮俗的乖張行為,實難委以重任,自然不利於仕途發展。

---

[14] 〔南朝梁〕蕭統編;〔唐〕李善注:《文選》(北京:中華書局,1977年),頁668-669。

　　《漢書‧東方朔傳》最後的「贊曰」，對他的遭遇及人格
特質的評論頗堪玩味，文末提到劉向年少時曾多次向東方朔同
時代的長老賢者打聽他的事蹟，皆以「口諧倡辯，不能持論，
喜為庸人誦說」評之，因而後世對其傳聞甚多，當中亦載揚雄
曾批評東方朔「言不純師，行不純德，其流風遺書蔑如也」。
贊語又言「其名過實者，以其詼達多端，不名一行。應諧似
優，不窮似智，正諫似直，穢德似隱」、「朔之詼諧，逢占射
覆，其事浮淺，行於眾庶，童兒牧豎莫不眩耀」，這些評論意
味著東方朔言論德行不純正，亦乏師承，未能提出系統性的主
張，因此留給後世的思想及著作未足稱道。

　　是故，東方朔博學多聞、能言善道不失諫臣本色，雖具備
儒者建功立業的積極進取，但又不拘禮法，擁有狂士的放浪不
羈，兩者在其性格中難以取得平衡，注定一生在政治上難以有
太大的發展，但他的創作及處世風格，給予後世極大的啟發。
其〈答客難〉透過不同時代背景及政治環境的對比，剖析士人
的生存境遇，以正話反說的方式對世俗進行嘲諷，截然不同於
賈誼〈弔屈原賦〉騷體的沉鬱悲慨，而採激越明快的語勢，正
面控訴時代對於士人的辜負，從而傾訴己身不遇之心曲，後世
此類創作的產生多出自對〈答客難〉模仿，《文心雕龍‧雜
文》云：

126

宋玉含才，頗亦負俗，始造〈對問〉，以申其志，放懷寥廓，氣實使文。……自〈對問〉以後，東方朔效而廣之，名為〈客難〉，託古慰志，疏而有辨。揚雄〈解嘲〉，雜以諧謔，迴環自釋，頗亦為工。班固〈賓戲〉，含懿采之華；崔駰〈達旨〉，吐典言之裁；張衡〈應間〉，密而兼雅；崔寔〈答譏〉，整而微質；蔡邕〈釋誨〉，體奧而文炳；景純〈客傲〉，情見而采蔚：雖迭相祖述，然屬篇之高者也。……原夫茲文之設，乃發憤以表志。身挫憑乎道勝，時屯寄於情泰，莫不淵岳其心，麟鳳其采，此立體之大要也。[15]

劉勰認為東方朔〈答客難〉對宋玉〈對楚王問〉有所繼承，他託古以慰己身之不得志，敘事暢達且辨析明確，這種藉對問體抒發個人憤懣，以宣洩心志的寫作手法逐漸形成一種格套，此後不少爭慕效之者，大抵呈現出思想高遠，文辭彩麗的特色，可見〈答客難〉對於對問體的發揚，成功引發不少文人墨客的共鳴，作品迭相祖述，蔚為大觀。洪邁對於東方朔〈答客難〉同樣給予極高的評價：

15　黃叔琳注；李詳補注；楊明照校注拾遺：《增訂文心雕龍校注》（北京：中華書局，2000年），頁181。

東方朔〈答客難〉自是文中傑出，揚雄擬之為〈解
嘲〉，尚有馳騁自得之妙，至於崔駰〈達旨〉、班固〈賓
戲〉、張衡〈應閒〉，皆屋下架屋，章摹句寫，其病與
〈七林〉同，及韓退之〈進學解〉出，於是一洗矣。[16]

又如避世金馬門的朝隱論，呈現其獨特的隱逸哲學，在一
定程度上解決了士人在仕不得用，隱無所之的矛盾徬徨，提供
了那些無法改變自身境遇者另一種安身立命的選擇與安慰，至
魏晉以降，士人甚為肯定東方朔朝隱避世之舉，[17]晉代嵇康

---

[16] 〔宋〕洪邁：《容齋隨筆》（上海：上海古籍出版社，1978
年），頁88。

[17] 在漢代，對於東方朔的評價主要關注其「滑稽」的一面，《史
記》自不待言，班固雖單獨為其作傳，但在盤點武帝朝人才時，
則將東方朔歸入滑稽之中，《漢書‧敘傳下》亦有「東方贍辭，
詼諧倡優」之語。《漢書‧東方朔傳》的贊語引述了揚雄《法
言‧淵騫》的論述，對於東方朔的評價基本上認同揚雄「滑稽之
雄」的說法。揚雄《法言‧淵騫》對於東方朔朝隱之論多所批
評，認為東方朔之隱，是以「穢德」為前提，方介認為：「基本
上，揚雄對於東方朔的評價並不是很高。對於他應諧、不窮、正
諫、穢德的種種表現，也有所懷疑，故『似』優、『似』哲、
『似』直、『似』直、『似』隱。世謂東方朔為隱者，他也不願
直接表示肯定，而把隱道分了高下，謂有盛人之隱、賢者之隱、
與談（詼）者之隱。……至於東方朔算不算是談（詼）者之隱？
他卻保留不說。可見，他對東方朔的『談（詼）言』、『談
（詼）』行不以為然。」（案汪寶榮《法言義疏》，「詼」與
「談」形體相似，傳寫每易致誤，上述「談」當作「詼」）見氏

〈六言詩〉十首其七：「東方朔至清，外似貪汙內貞。穢身滑稽隱名，不為世累所攖。所欲不足無營」[18]，以外穢內清評價東方朔不為世俗所累的品格，夏侯湛〈東方朔畫贊並序〉也稱讚他「潔其道而穢其跡，清其質而濁其文。弛張而不為邪，進退而不離群。若乃遠心曠度，瞻智宏材。[19]」其後如沈約、李白、宋人張方平、陳淵皆有詩文歌詠金馬門避世，[20]皆表現出對東方朔的推崇之情。

東方朔的人生際遇雖並不如他所意，但是他詼諧辯智，詭時玩世的風格及忠言直諫的形象廣泛流傳，後世不少小說、戲劇在附會其行事的基礎上進行大量創作，其人其事得以在文學史上留下一頁篇章。

著：〈東方朔與揚雄——傳統知識分子「朝隱」的兩種典型〉，《臺大中文學報》，第27期，2007年12月，頁14-15。

[18] 〔三國魏〕稽康著、夏明釗注：《稽康集譯注》（哈爾濱：黑龍江人民出版社，1987年），頁256。

[19] 〔南朝梁〕蕭統編、〔唐〕李善注：《文選》，頁668。

[20] 曾磊援舉上述諸位文人的作品並與以討論，同時提出也有學者對東方朔避世金馬門的做法持否定態度，但是「看到更多的是對『朝隱』的嚮往和仿效」，見氏著：〈金馬門與「朝隱」象徵——兼論東方朔形象的演變』〉，《東方論壇》，第6期，2017年，頁58。

第五章 儒者之宗的盛世之悲——董仲舒
及其〈士不遇賦〉

　　西漢著名的政治家及思想家董仲舒，景帝時為博士，早年
專注於學術，治學專勤深受學人所敬重。武帝即位之初舉賢良
文學之士，策問古今治道，他三對天子策受到武帝重視，其說
亦多獲採納，〈天人三策〉對經學發展及儒家正統地位的確立
具有關鍵性的影響，學術上的成就使他位居「群儒首」。[1]濟
世為懷、建功立業是儒者的人生理想，但這位儒學宗師在仕途
上並未因此一帆風順，他在上〈天人三策〉後任江都王國相，
因言災異事下獄判死，後獲赦得免，又因公孫弘陷害而擔任膠
西王國相，因恐日久獲罪，故稱病歸家，晚年以治學著書為
務，著有〈士不遇賦〉以抒發仕途困境及不遇之感。

---

[1]　《漢書・董仲舒傳》：「仲舒遭漢承秦滅學之後，六經離析，下
　　帷發憤，潛心大業，令後學者有所統壹，為群儒首。」見〔漢〕
　　班固撰；〔唐〕顏師古注；楊家駱主編：《漢書》（台北：鼎文
　　書局，1986年），頁2526。本章所引之《漢書》皆以此版本為
　　據，以下僅注篇名，不再另注版本出處。

第一節　董仲舒生平及其學說思想概述

西漢今文學大師董仲舒年少即攻治《春秋》之學，在景帝時為博士，《漢書・董仲舒傳》云：

> 董仲舒，廣川人也。少治春秋，孝景時為博士。下帷講誦，弟子傳以久次相授業，或莫見其面。蓋三年不窺園，其精如此。進退容止，非禮不行，學士皆師尊之。

關於博士的職掌，據《漢書・百官公卿表》記載：「博士，秦官，掌通古今」，《後漢書・百官志》則有「掌教弟子」及「國有疑事掌問對」之說。自漢初，博士治學講授極為普遍，如申公講授詩經「弟子自遠方至受業者千餘人」（《漢書・儒林傳》），董仲舒講授春秋公羊學，「弟子傳以久次相授業，或莫見其面」，除了他窮經三年不窺園的專勤之外，從他就學的弟子也是為數眾多。博士另一職責為「掌問對」，乃戰國以來「不治而議論」的傳統，在漢代徵召博士議論政事所見多有，從漢初文帝時的賈誼、晁錯，景帝時的轅固生等，都曾以博士身分參與朝議，董仲舒曾應武帝之詔與同為博士的韓嬰進行辯論。《漢書・儒林傳》記載「嬰嘗與董仲舒論於上

前，其人精悍，處事分明，仲舒不能難也」，相較於韓嬰的精明幹練，專注於學術，內斂拘謹的董仲舒在言辯上自然不是韓嬰的對手。綜上所述，大抵可見其治學嚴謹，進退有禮的形象，無怪乎在當時深受學人所敬重。

董仲舒生平重要大事為參加武帝元光元年（公元前134年）的對策。[2] 此前六年，即建元元年（公元前140年），是年武帝甫登基，冬十月詔賢良方正直言極諫之士，當時丞相衛綰奏議：「所舉賢良，或治申、商、韓非、蘇秦、張儀之言，亂國政，請皆罷。」（《漢書・武帝紀》），武帝接納此建議，因此當時各地推舉赴京參加賢良對策的百餘人中，以儒生為主體，諸如董仲舒、公孫弘、嚴助等均名列其中，但因好黃老之術的竇太后出面干涉，漢武帝建元初年的諸多改革雖幾近失敗，但是當時所選拔的人才仍有相當部分留在漢廷，直到她過世之後，漢武帝於元光元年「廣延四方之豪儁，郡國諸侯公選賢良修絜博習之士，欲聞大道之要，至論之極」（《漢書・董

---

[2] 關於董仲舒對策之時間，歷來眾說紛紜，大抵可分為武帝建元元年、元光元年、元光二至四年以及元朔五年等說，周桂鈿論之甚詳，其多方考證並參酌徐復觀的說法：「《漢書・武帝記》於元光元年，記載武帝策問之文，甚為明備；不以此為斷定董生對策之年的基準，而另作摸索，將皆流於穿鑿」，周氏言其在經過艱難仔細的研究過程之後，得出與徐氏相同的結論。本文據此採元光元年之說。見周桂鈿：《秦漢思想史》（石家莊：河北人民出版社，2000年），頁132。

仲舒傳》），以天人關係及古今之驗開展，針對國家興亡等議題進行策問，為其大有為的施政開啟了序幕。此次策問董仲舒「褎然為舉首」（《漢書·董仲舒傳》），獲得武帝的注意及讚賞，其前後以三篇策論作答，當中涉及國家治亂、文化、社會、教育等議題，雖受限於策問形式，但這三問三答大體呈現出董仲舒的政治哲學思想。

關於這三篇策論內容詳見《漢書·董仲舒傳》，扼要梳理其學說理論，在哲學思想上他吸收陰陽家的學說，主張王者受命於天，藉天道言人事，認為「治亂廢興在於己，非天降命不可得反」，欲實踐長治久安之道，領導者必先成為道德的典範，為人君者當「正心以正朝廷，正朝廷以正百官，正百官以正萬民，正萬民以正四方」，並且施行仁義禮樂等教化，此乃古之聖王能南面治天下，即是禮樂教化之功。因此君主的重要職責即在於「承天意以從事，任德教而不任刑」、「以教化為大務」，其云：

> 凡以教化不立而萬民不正也。……。古之王者明於此，是故南面而治天下，莫不以教化為大務。立大學以教於國，設庠序以化於邑，漸民以仁，摩民以誼，節民以禮，故其刑罰甚輕而禁不犯者，教化行而習俗美也。

（《漢書・董仲舒傳》）

　　董仲舒提出教育乃推動政治的重要工具，建議武帝「求賢」之外，更要能夠「養士」，而養士最為重要的措施便是設置教育機構以廣興教化，傳遞儒家禮義道德，以此鞏固統治基礎，其云：

　　　　夫不素養士而欲求賢，譬猶不琢玉而求文采也。故養士之大者，莫大乎太學；太學者，賢士之所關也，教化之本原也。……臣願陛下興太學，置明師，以養天下之士，數考問以盡其材，則英俊亦可得矣。（《漢書・董仲舒傳》）

　　所謂「興太學，置明師，以養天下之士」，目的在於以既定的意識形態及文化價值，透過國家專責機構標準化地培育出符合國家所需之人才，使取士方式逐漸系統化，同時也明確為一般平民揭示出一條入仕途徑。

　　董仲舒檢討當時官吏選拔制度不當導致吏治不明，直指當時政府官吏多為高官子弟，或由富人捐貲而來，實非理想的選才方式，建議應規定諸侯國王相、郡守及各二千石級的官員每

年推薦二名賢能之士，先充任朝廷宿衛，觀摩大臣的言行作為，「所貢賢者有賞，所貢不肖者有罰」，培養見識能力，以備將來出任官職。他援古為例，以「古所謂功者，以任官稱職為差，非所謂積日絫久也。故小材雖絫日，不離於小官；賢材雖未久，不害為輔佐。是以有司竭力盡知，務治其業而以赴功」（《漢書・董仲舒傳》），批評當時「累日以取貴，積久以致官。是以廉恥貿亂，賢不肖混淆」（《漢書・董仲舒傳》）的現象，提議當重新建立人才拔擢制度，「毋以日月為功，實試賢能為上。量才而授官，錄德而定位，則廉恥殊路，賢不肖異處」（《漢書・董仲舒傳》），呼籲漢武帝在人才的任用上應以能力及道德為優先考量，凡是符合標準者即可破格提升，如此「盡心求賢，天下之士可得而官使」。

在最後一次對策，他以「今師異道，人異論，百家殊方，指意不同，是以上無以持一統，法制數變，下不知所守」（《漢書・董仲舒傳》），認為思想的分歧不利於政治上大一統的實踐。特別在武帝朝這樣的時代背景下，亟需一套理論依據做為鞏固政權的學理基礎，董仲舒根據《公羊春秋》之「大一統」思想將皇權神聖化及神秘化，呼籲學術應加以統一：

臣愚以為諸不在六藝之科孔子之術者，皆絕其道，勿

使並進。邪辟之說滅息,然後統紀可一而法度可明,民知所從矣。(《漢書·董仲舒傳》)

　　建議漢武帝所有非屬六經與孔子學說的學術都應加以禁止,並標舉儒家思想為正統,畢竟漢武帝所追求的並非一時性的權變之策,而是一套既能總結過往興衰治亂的歷史經驗,又能解決當前漢王朝所面臨的現實議題,從而為其政權提供長治久安的方法,董仲舒的〈天人三策〉為武帝的需求提供了學說基礎。

　　綜理三策內容,其以天人思想為中心,回應天命轉移及治論興衰之理,以君權神授為君主的權威性及漢王朝統治上的合理性提供了形而上的理論根據,同時以天人災異之說來對應君權,藉此約束君主的道德行為,限制其絕對權威。在政治思想上主張加強中央集權,治民理民當以「德主刑輔」為依歸。置辦太學以培養適用的統治人才,進而完善選才制度。他參採各家學說對儒學進行改造,使儒學更具時代性及實務性,得以成功立足於當時政治舞台,其策論內容幾乎都獲武帝採納,並具體落實在實際政治上,《漢書·董仲舒傳》即云:「及仲舒對冊,推明孔氏,抑黜百家。立學校之官,州郡舉茂材孝廉,皆

自仲舒發之。」對漢代及後世均產生極為深遠的影響,[3]在一定程度上也實踐了他的政治理念。除了〈天人三策〉外,其博大精深的學問集中體現在晚年所作之《春秋繁露》,該書同樣推崇公羊學,以發揮春秋大一統之義為撰作宗旨,同時回應現實政治。

第二節　兩任驕王相及其〈士不遇賦〉

董仲舒在黃老思想到儒術獨尊的轉變過程中嶄露頭角,看似深受執政者所賞識,據《漢書・董仲舒傳》可知在對策後不久,漢武帝即委任董仲舒擔任江都易王劉非之相,協助制約驕橫好勇的兄長,《漢書・景十三王傳》稱劉非「好氣力,治宮館,招四方豪傑,驕奢甚」,不過董仲舒依禮而行,並能以禮儀匡正劉非的言行,也甚受劉非所敬重。

董仲舒仕途中另一大事乃因災異之記而遭禍。建元六年(公元前135年)春夏間遼東高廟及京師高園便殿接連發生火

---

[3] 余英時對於儒學在董仲舒「獨尊儒術」的建議下一舉躍升為官方的意識形態,對當時及後世影響之深遠有著如下的評價:「(儒學)成為一套全面安排人間秩序的思想體系,從一個人自生至死的整個過程,到家、國、天下的構成,都在儒學的範圍之內。在兩千多年中,通過政治、社會、經濟、教育種種制度的建立,儒學已一步步進入百姓日常生活的每一角落。」見氏著:《現代儒學論》(上海:上海人民出版社,1998年),頁237。

災，武帝因此「素服五日」（《漢書‧武帝紀》），董仲舒身為公羊學大家，便以《春秋》史事觀照以推說其意，並起草災異之記，他將這兩次火災對應比附春秋時魯國定公、哀公時期的幾起宮廷大火，認為武帝「正當大敝之後，又遭重難之時，甚可憂也」（《漢書‧五行志》），他分析當時最為可憂之事即為諸侯王及大臣的驕奢僭越，於是提出：

> 故天災若語陛下：「當今之世，雖敝而重難，非以太平至公，不能治也。視親戚貴屬在諸侯遠正最甚者，忍而誅之，如吾燔遼東高廟乃可；視近臣在國中處旁仄及貴而不正者，忍而誅之，如吾燔高園殿乃可」云爾。在外而不正者，雖貴如高廟，猶災燔之，況諸侯乎！在內不正者，雖貴如高園殿，猶燔災之，況大臣乎！此天意也。罪在外者天災外，罪在內者天災內，燔盛罪當重，燔簡罪當輕，承天意之道也。（《漢書‧五行志》）

董仲舒藉著兩次火災告誡武帝重視用人之道，特別是對於身旁驕奢淫逸者當勇於誅殺，這番以諸侯王為整肅對象的言論尚未定稿，竟遭主父偃竊走並上奏武帝，於是「天子召諸生示

其書，有刺譏。[4]」（《史記・儒林列傳》），此事另見《漢
書・董仲舒傳》，其中有著更加戲劇化的描述：

> 先是遼東高廟、長陵高園殿災，仲舒居家推說其意，
> 草稿未上，主父偃候仲舒，私見，嫉之，竊其書而奏焉。
> 上召視諸儒，仲舒弟子呂步舒不知其師書，以為大愚。於
> 是下仲舒吏，當死，詔赦之。仲舒遂不敢復言災異。

主父偃的「私見」、「嫉之」與「竊書而奏」，足見其性
格卑劣，該事見光後又因弟子呂步舒不知此書乃其師董仲舒所
寫，一番「以為大愚」的言論讓董氏招來殺身之禍，言災異一
事確切發生的時間點史書未有明確的記載，但《漢書》本傳將
此事載錄於其授任為江都相及膠西相兩事之間，此事之後雖然
獲詔赦免，但「廢為中大夫」，也讓他不敢再議論災異之事。

董仲舒另一次侍奉驕王為出任膠西王相。膠西于王劉端與
江都易王劉非均為漢景帝的程姬所生，同為武帝之兄，相較於

4　〔漢〕司馬遷撰；〔劉宋〕裴駰集解；〔唐〕司馬貞索隱；
　〔唐〕張守節正義：《史記》（台北：鼎文書局，1981年），頁
　3128。本章所引之《史記》皆以此版本為據，以下僅注篇名，不
　再另注版本出處。

易王劉非，《漢書・景十三王傳》對膠西于王劉端有著更為詳盡的記載：

> 膠西于王端，孝景前三年立。為人賊盭……。數犯法，漢公卿數請誅端，天子弗忍，而端所為滋甚。……相二千石者，奉漢法以治相二千石至者，奉漢法以治，端輒求其罪告之，亡罪者詐藥殺之。所以設詐究變，彊足以距諫，知足以飾非。相二千石從王治，則漢繩以法。故膠西小國，而所殺傷二千石甚眾。

武帝之兄劉端在景帝前三年被封為膠西王，「為人賊盭」，顏師古注：「盭，古戾字也，言其性賊害而很（凶狠剛戾）也。」又注膠西于王之「于」為：「于，遠也，言其所行不善，遠乖道德，故以為謚。」由顏師古之注文可更加了解膠西于王劉端性格之暴戾驕恣。他屢屢觸法，公卿大臣多次請求誅殺，武帝念在手足情分未忍下手，他卻變本加厲，到此任職的官吏多遭他凶狠謀害，膠西雖為小國，但「所殺傷兩千石甚眾」。董仲舒之所以會出任膠西王相，主要出自公孫弘的推薦。《資治通鑑》將此事繫年於元朔五年（公元前124年），是年公孫弘由御史大夫遷任丞相。公孫弘與董仲舒同治《春

秋》，但在學術表現上不如董氏，加上董仲舒對其曲學阿世、
媚諛取寵的行徑頗為不屑，曾有「以弘為從諛」（《漢書・董
仲舒傳》）的評論，愈益加深了公孫弘的嫉恨，刻意「陰報其
禍」（《史記・平津侯列傳》），故意推薦董氏擔任膠西王
相，《漢書・董仲舒傳》記載：

> 仲舒為人廉直。是時方外攘四夷，公孫弘治春秋不如
> 仲舒，而弘希世用事，位至公卿。仲舒以弘為從諛，弘嫉
> 之。膠西王亦上兄也，尤縱恣，數害吏二千石。弘乃言於
> 上曰：「獨董仲舒可使相膠西王。」膠西王聞仲舒大儒，
> 善待之，仲舒恐久獲罪，病免。凡相兩國，輒事驕王，正
> 身以率下，數上疏諫爭，教令國中，所居而治。及去位歸
> 居，終不問家產業，以修學著書為事。

公孫弘推薦董仲舒任膠西王相，無異是借刀殺人，膠西王
自比為齊桓公，將董仲舒視為管仲，屢向他決疑問難，董仲舒
曾以柳下惠「伐國不問仁人，此言何為至於我哉」[5]回應，面

5　《漢書・董仲舒傳》將此事記載於任江都易王相之時，但據董仲
　舒《春秋繁露》中有〈對膠西王越大夫不得為仁〉篇，一般認為
　當以《春秋繁露》該篇為據，乃其任膠西王相時。

對驕主他據理而論,正色以對,反映出他剛正廉直的操守,所幸膠西王也尊重其乃一代大儒,頗為禮遇善待,不過如履薄冰的境地仍讓他惴惴不安,深感政治險惡,恐日久而獲罪,故稱病自請歸家,晚年過著著述立說的淡薄生活。

董仲舒終其一生不過致諸侯相,前後亦僅數年時間,始終未獲重用,身為一介大儒在仕途上的際遇實在不能和他崇高的學術地位相比擬,辭官家居後勤於筆耕,著作頗豐,《漢書‧董仲舒傳》云:

> 仲舒所著,皆明經術之意,及上疏條教,凡百二十三篇。而說春秋事得失,聞舉、玉杯、蕃露、清明、竹林之屬,復數十篇,十餘萬言,皆傳於後世。

董仲舒現存著作主要有闡述《春秋》旨意及天人思想的《春秋繁露》及上述《漢書‧董仲舒傳》所載錄的〈天人三策〉,在《古文苑》中收有〈士不遇賦〉、〈詣丞相公孫弘記室書〉,此外亦有後人所輯佚之〈春秋決獄〉數篇。其中〈士不遇賦〉為董仲舒後期的作品,乃自陳仕途坎坷、知遇之難,宣洩不遇之感的抒情賦作,漢人以「士不遇」名篇者始於此賦,通篇四百餘字,全文如下:

　　嗚呼嗟乎，遐哉邈矣。時來曷遲，去之速矣。屈意從人，悲吾徒矣。正身俟時，將就木矣。悠悠偕時，豈能覺矣。心之憂兮，不期祿矣。遑遑匪寧，只增辱矣。努力觸藩，徒摧角矣。不出戶庭，庶無過矣，重曰：「生不丁三代之盛隆兮，而丁三季之末俗。末俗以辯詐而期通兮，貞士以耿介而自束，雖日三省於吾身兮，繇懷進退之惟谷。彼實繁之有徒兮，指貞白以為黑。目信嫭而言眇兮，口信辯而言訥。鬼神不能正人事之變戾兮，聖賢亦不能開愚夫之違惑。出門則不可與偕往兮，藏器又蚩其不容。退洗心而內訟兮，亦未知其所從也。觀上古之清濁兮，廉士亦營營而靡歸。殷湯有卞隨與務光兮，周武有伯夷與叔齊。卞隨務光遁迹於深淵兮，伯夷、叔齊登山而采薇。使彼聖賢其繇周遑兮，矧舉世而同迷。若伍員與屈原兮，固亦無所復顧。亦不能同彼數子兮，將遠遊而終慕。於吾儕之雲遠兮，疑荒途而難踐。憚君子之于行兮，誡三日而不飯。嗟天下之偕違兮，恨無與之偕返。孰若返身於素業兮，莫隨世而輪轉。雖矯情而獲百利兮，復不如正心而歸一善。紛既迫而後動兮，豈雲稟性之惟褊。昭同人而大有兮，明謙光而務展。遵幽昧於默足兮，豈舒采而蘄顯。苟肝膽之可

同兮，奚鬚髮之足辨也。[6]

　　開篇便以沉重的筆觸揭露內心感懷，感嘆建功立業之機遇難得，同時流露時光短暫卻時運不濟的悲哀。接著表露自身處世原則，身為人格獨立，品行高潔的士人，不願違背初衷而屈意從人，雖想正身以待時機，然而人生短暫，實不甘俟時而終老，這種感時傷逝的挫折與焦慮感深深壟罩著漢代士人的心靈。縱使也曾「努力觸藩」卻仍徒勞無功，面對現實處境的沉重壓力，從而產生不出戶庭是否就能避免斲傷的思考。

　　再者，他探究士之遇與不遇的關鍵在於所處的時代，史家筆下的大漢盛世在他眼中不過是「三季之末俗」，他心目中的清平盛世乃是三代隆盛之世，他感慨生不逢時，未能躬逢其盛，如今世風辯詐，道德式微，人們趨炎附勢以求顯達，而耿介之士卻有志難伸，與大環境扞格不入，「出門則不可與偕往兮，藏器又蛩其不容」，在仕途上與小人道不同不相為謀，卻慘遭奸佞勢力打壓，賢人見棄，小人得志讓他深感徬徨迷惘，在孤立無援下「退洗心而內訟兮，亦未知其所從也」，進退如此兩難，儼然無立足之地，這正是他自身際遇的真實寫照，他

6　費振綱、胡雙寶、宗明華輯校：《全漢賦》（北京：北京大學出版社，1993年），頁752。

曾遭受主父偃及公孫弘的陷害，甚至幾近於死，親歷箇中險惡，回首來時路心中的感觸想必更加深刻，無怪乎他感慨縱使想韜光養晦也難以見容於當世。然而即使是三代盛世仍舊存在賢者廉士不遇的現象，他援引卞隨、務光、伯夷、叔齊為例自我安慰，凡耿介貞潔之士往往遭遇困蹇，古今皆然，檢視這些賢士面對己身不遇之人生態度，在思古悲今後卻以「不能同彼數子」作結，既不接受卞隨、務光的遁跡，以及伯夷、叔齊的歸隱，更無法像伍子胥、屈原那般義無反顧般的決絕，他選擇「孰若返身於素業兮，莫隨世而輪轉。雖矯情而獲百利兮，復不如正心而歸一善」，堅定當以守志修身、修業養性追求道德完善作為生命安頓之道。

　　文末引用《周易》「同人」、「大有」、「謙」等卦以昭明心志，「同人」之〈彖辭〉為：「文明以健，中正而應。『君子』，正也。唯君子能通天下之志。」朱熹釋云：「通天下之志，乃為大同。」[7]「同人」本為與人相見會合之意，此處意謂以正道與人往來。現實中縱使沒有志同道合者，但己心仍需心懷正道，堅守自我道德價值。「大有」之〈彖辭〉為：

7　〔宋〕朱熹義釋：《周易本義》（上經），（北京：中華書局，2011年），頁79。以下所引《周易》皆以此本為據，以下僅注篇名，不再另注版本出處。

「柔得尊位,大中而上下應之,曰大有。其德剛健而文明,應乎天而時行,是以元亨。」卦象則為「火在天上,大有;君子以遏惡揚善,順天休命。」火在天上,亦即如日在天上,光明之甚無所不照,「君子以遏惡揚善」者,大有包容之義,意謂即使在昌盛之時,亦須明辨是非,遏惡揚善,蓋董氏以此卦自勵自勉,即便身處有道之世,亦須時時惕勵凡事當正身而行。「謙卦」之〈彖辭〉為:「人道惡盈而好謙。謙,尊而光,卑而不可逾,君子之終也。」卦象則有山在地下,高而不踰越,謙卑廉正之義。意謂君子立身處世當如山藏鋒不露,柔順以待人,謙卑以自牧,退居以修德。足見董仲舒在自傷自感之餘,仍能秉持著以道自任的儒者精神,將內心與外在進行理性觀照,最終以「復不如正心而歸一善」來堅守儒家士人高潔獨立之人格。[8]

---

[8] 馮小祿從用典統計來討論董仲舒〈士不遇賦〉中所呈現的儒家思想:「從文本展開的角度看,這個特徵也體現得十分明顯:首先,用典多來自儒家經典,計《論語》5次、《詩經》1次、《尚書》1次、《周易》5次;其次,堅毅的人格來自儒家,使用〝貞士〞、〝聖賢〞、〝聖人〞、〝君子〞等名詞,〝正身〞、〝正心〞、〝不期祿〞、〝歸一善〞等趨向動詞;最後,其所用以思考出處問題的歷史人物(人像),也是儒家所必然面臨的時代清濁中的出處人物,出之卞隨、務光、伯夷、叔齊等人則得到了贊同,用四句來敘述,而處之伍員、屈原卻受到否定,顯出儒家思想中本就有同情隱士的一面。」見氏著:《漢賦書寫策略與心態建構》(北京:人民出版社,2010年),頁117。

　　〈士不遇賦〉體現了董仲舒對人生理想及生命價值的追求歷程，全文著重於「時」的描寫，呈現了三種不同概念，分別為「時來曷運」，指時光；「正身俟時」指時運；「悠悠偕時」指時代。他透過「嘆時」——感嘆時光流逝，時運不濟又生不逢時，以及「怨人」——怨刺讒諛詐辯的姦佞之人，憑藉機巧蠱惑上位者，自己慘遭此輩打壓排擠，歸結出己身不遇的原因，再透過歷史及現實的省思與自我對話，抒發對一己際遇的感懷。他深知「屈意從人」、「隨世輪轉」、「矯情可獲百利」即可消解所謂的不遇之感，面對現實處境與個人道德操守間的矛盾衝突，縱使懷有王佐之才，才高品佳的董仲舒自然選擇放下積極用世之抱負，魯迅說董仲舒〈士不遇賦〉「終則謂不若反身素業，歸於一善，托聲楚調，結以中庸，雖為粹然儒者之言，而牢愁狷狹之意盡矣」[9]，一語道破了這位西漢鴻儒內心最深刻的隱痛，然其自傷之餘，能以一種平和釋然的理性來觀照自身際遇，[10]堅定傳統儒家世有道則行，無道則隱的處

9　魯迅：《漢文學史綱要》〈武帝時文術之盛〉，（上海：上海世紀出版集團，2011年），頁39。

10　張峰屹對於董仲舒〈士不遇賦〉「孰若反身於素業兮，莫隨世而輪轉，雖矯情而獲百利兮，復不如正心而歸一善」等修身養性之法有著如下的看法：「這是有漢以來士人所不曾有過的一種憤悶而內斂自修的心態，它非但不同於漢初普遍的積極進取，也不同於賈誼受挫時欲退隱自珍的道家志趣，而表現為沉重內斂又守志

世哲學,以修身為務,其儒者品格及志趣可見一斑。

第三節　不遇為幸遇——身雖廢,言何嘗不顯哉?

　　《漢書‧敘傳》云:「抑抑仲舒,再相諸侯,身修國治,致仕懸車,下帷覃思,論道屬書,讜言訪對,為世純儒」,大抵概括了董仲舒的一生。董仲舒政治思想雖獲武帝的認同,但政治生涯上並未因此一帆風順,僅做過江都易王劉非及膠西王劉端兩任相,又曾因災異之說幾近於死,後廢為中大夫,晚年自請歸家,以著書立說為務,不過雖「以老病免歸,漢有所欲興,常有詔問。仲舒為世儒宗,定議有益天下。」(《漢書‧楚元王傳》)　由於董仲舒位居當代儒學宗師地位,當時朝廷每逢興辦制度等重大決策,仍時常下詔向他諮詢。《漢書‧董仲舒傳》記載:「仲舒在家,朝廷如有大議,使使者及廷尉張湯就其家而問之,其對皆有明法。」廷尉張湯就任的時間大約為元朔三年(公元前126年)至元狩三年(公元前120年),其中一次的問對載錄於《春秋繁露‧郊事對》,該篇內容主要答覆張湯奉武帝之命提出天子郊祀禮儀等相關問題,董仲舒闡明

　　不渝的傾向。」見氏著:《西漢文學史》(台北:臺灣商務印書館,2013年),頁112。

天子與諸侯在祭祀禮儀上當有的分際，在彰顯天子至高無上的地位之餘，也委婉對張湯表明：「臣犬馬齒衰，賜骸骨，伏陋巷。陛下乃幸使九卿問臣以朝廷之事，臣愚陋。曾不足以承明詔，奉大對。臣仲舒昧死以聞。[11]」（《春秋繁露‧郊事對》）面對朝廷屢屢派人前去徵求意見，他以年老愚陋為由請求不再奉大對，由此可見朝廷對其意見的重視。此外，《漢書》之〈食貨志〉、〈匈奴傳〉皆載錄其晚年對於朝政的應對上書，諸如限民名田、鹽鐵皆歸於民、當輕徭薄賦、去奴婢等事，以及對於匈奴不宜多所征戰等奏議，[12]除了反映他對國事的關心，亦可看到其建議也多被採納。劉向曾盛讚他「有王佐之材，雖伊呂亡以加，筦晏之屬，伯者之佐，殆不及也。」（《漢書‧董仲舒傳》）高度肯定他具備輔弼之才，然在仕途上未能如其所願最主要的原因，當與其性格有關。

相較於同一時期的公孫弘，兩人在性格上有著鮮明的差異。其與公孫弘皆是通過武帝賢良對策脫穎而出，均同治《春秋》公羊學，且「公孫弘治《春秋》不如董仲舒」（《史記‧儒林傳》），然公孫弘以白衣為天子三公，封為平津侯，甚受

[11] 董仲舒撰；賴炎元註釋，《春秋繁露》（台北：國立編譯館，1987年），頁391。
[12] 王永祥：《董仲舒評傳》（江蘇：南京大學出版社，2011年），頁81。

武帝重視，以位高權重顯赫於當時，更成為儒生嚮往的典範，而學品俱優於公孫弘的董仲舒卻深懷不遇之感。關鍵性的原因當是他過於廉直方正的性格，《史記・儒林傳》以「曲學阿世」評價公孫弘，董仲舒對於他迎合奉承，處處恭順崇君的行為也毫不隱藏地表達鄙夷，因而招致公孫弘的忌恨。史書雖未詳載董仲舒與漢武帝之間君臣共處的態度，但可以確定的是以他「凡相兩國，輒事驕王」的經歷來看，其「以禮誼匡正」、「正身以率下，數上疏諫爭，教令國中，所居而治」（《漢書・董仲舒傳》），《漢書》本傳也形容他「進退容止，非禮不行」，不難想見董仲舒在君王前正身直行，直言恭謹的形象。在〈士不遇賦〉中也明白表述「屈意從人，非吾徒矣」的立場，批評「俗以辯詐而期通」，但他就是想堅持做一位「耿介而自束」的貞士，不「隨世俗而輪轉」，不「矯情而獲百利」，足見他的高道德標準。再從他針對遼東高廟及長陵高原兩次火災所欲呈上的草稿，可知其嚴肅的學者性格，甚至如王者之師的姿態，一味提供指導方針，在君臣之間的相處自然不如「每朝會議，開陳其端，令人主自擇，不肯面折庭爭」（《史記・平津侯主父列傳》）的公孫弘以及「以和良承意從容得久，然無有所匡諫」的兒寬（《史記・儒林列傳》）來得深得君心。

此外，誠如張峰屹所分析，董仲舒與公孫弘雖同為儒者，對於法家思想皆有一定程度的融攝，但董仲舒儒者本色鮮明，以仁義王道為基調，公孫弘則高揚法治，特別是秉持「人主宜廣大，人臣宜節儉」的立場，以維護君主的絕對權威。檢視董仲舒的君臣觀，雖然同樣主張「君尊卑臣」，但是他所提出的天人思想，在君主之上設置了一個「天」，做為制約君主的力量，並且承繼先秦儒家的民本思想，主張天意即民意，天立君主乃是為民而存在的，因此民眾的意願往往可透過天意施加於君，從而約束君主，如此君主不但直接受制於天，也間接受制於民，他在力倡尊君的同時，其實也使君為天、為民所制。[13]與「人主宜廣大」，抑臣以崇君的公孫弘相較，在對君權權威的維護上自是不如公孫弘。

因此撇開大一統皇權對士人的抑制，歷來對於他在政治上的不遇，皆歸因在同僚構陷、屢遭嫉害，但他嚴肅廉直的學者性格以及過於理想的思想家特質，不精於處事、不懂轉圜，徒有學養與才幹，不諳人事與手腕，在權力傾軋下自然是無力招架。

不過，客觀檢視董氏生平，早年憑藉自身學識教授生

---

[13] 張峰屹：《西漢文學史》（台北：臺灣商務印書館，2013年），頁111-112。

徒，透過對策出仕，後續發展縱使並非十分得意，但也未遭遇太大的波折，雖因言災異遭受主父偃的陷害下獄而幾近於死，後也獲赦得免。在仕途上雖曾兩事驕王，不過皆獲善待及美譽，雖深感仕途崎嶇，恐久獲罪，但也是自己主動以老病為由去位，自請歸家後「終不問家產業，以脩學著書為事」以盡餘生，充分展現儒者「得志，澤加於民；不得志，修身見於世。窮則獨善其身，達則兼善天下」（《孟子・盡心上》）的範式。最後「年老，以壽終於家。[14]家徙茂陵，子及孫皆以學至大官」（《漢書・董仲舒傳》）。必須強調的是，董仲舒所謂的不遇之悲，絕非追求個人仕途利祿上的顯達，而是有感年歲遲暮，回首過往仕途艱險，感慨身為以道自任的儒者，理當實

---

[14] 有關董仲舒的生卒年，《史記》、《漢書》均未有明確的記載，歷來學者多有探討，然眾說紛紜，一般根據《漢書・匈奴傳贊》：「仲舒親見四世之事，猶若守舊文」一語，當中的「親見四世」當指高帝、呂后、惠帝、文帝、景帝。據此推斷董仲舒的生年當在高帝時期。另外《史記・儒林傳》則說：「故漢興至於五世之間，唯董仲舒名為明於《春秋》，其傳公羊氏也」，這裡的「五世」則包括了武帝之世。至於其卒年《漢書》本傳僅有「以壽終於家」，然在《漢書・食貨志》有：「董仲舒死後，功費遇甚，天下虛耗，人復相食」，有關「人復相食」，《漢書》的〈武帝紀〉、〈五行志〉均記載漢武帝元鼎三年（西元前114年）當時「饑人相食」的慘況，如此董仲舒之卒年應在此前不久。其生年雖無法確考，以高帝在位十二年的時間，估取其中來推斷，董仲舒享年應當至少有七、八十歲，以當時而論已是相當難得的高壽。

踐弘道濟民之重任，但卻無法大展懷抱的遺憾，這是在理解其
人生際遇及〈士不遇〉之作時該有的認知。[15]終其一生專注於
學術的董仲舒，在仕途之外以著書立說深刻影響著當時及後
代，誠如張溥在《漢魏六朝百三家名家集‧漢董仲舒集題詞》
對董氏的一生所做的總結：「然尊孔氏，斥百家，立學校，舉
茂孝，王者制度皆發董生，身雖廢，言何嘗不顯哉？」[16]

[15] 周桂鈿曾如是評價董仲舒的人生際遇：「董仲舒晚年著作頗豐，
並編成《春秋繁露》一書，還有《公羊董仲舒治獄》十六篇。他
水平高、用心專、處境難、讀書多，多方面因素造就了他的思想
體系。應該說『不遇』是個重要條件。他如果也像公孫弘那樣受
到賞識和重用，那他可能就寫不成《春秋繁露》，也當不了『儒
者宗』。當時公孫弘由白衣入仕任三公，成了士人的楷模，而董
仲舒像落魄的知識分子。一百多年以後，在班固的《漢書》中，
董仲舒的思想地位已經超過公孫弘。王充說董仲舒『雖無鼎足之
位，知在公卿之上』（《論衡‧別通篇》）。又說：『文王之文
在孔子，孔子之文在仲舒。』（同上書〈超奇篇〉），把董仲舒
當作孔子儒學的正統繼承者，儒學正宗所在，漢代新儒學的代
表。由後人來看，董仲舒的『不遇』正是『幸遇』。」見氏著：
《董仲舒評傳——獨尊儒術 奠定漢魂》（廣西：新華書店，1995
年），頁11。
[16] 〔明〕張溥輯：《漢魏六朝百三家集》（《欽定四庫文學總集選刊
本》），（上海：上海古籍出版社，1995年）。

第六章 良史之才的血淚悲嘆——司馬遷及其〈悲士不遇賦〉

　　司馬遷和武帝朝存在著密切且特殊的關係，他以史家之筆記錄了眼下的輝煌時代，同時也是盛世下極為慘烈的受害者，他因李陵事件下獄而遭宮刑，可謂人生中之最大災難，然而《史記》中的記載卻極為淡漠，對於受到牽連一事毫無著墨，以極盡隱諱的手法處理。不過在其〈報任安書〉則多所揭露，本文乃司馬遷遭遇極度摧殘之後，以血淚鑄造而成的至情之文，字字慷慨激越，句句唏噓欲絕，慨然傾訴其內心最幽微、最不願被觸碰的傷痛，也是了解司馬遷學術思想、《史記》寫作過程、受刑始末不可忽略的重要史料，從中更深刻反映出在高度皇權下，士人動輒得咎，或受刑遭辱，甚遭誅殺滅族的嚴峻處境。其〈悲士不遇賦〉，逕直以「士不遇」命題，更將不遇之感直指整個士人群體，鎔鑄了鮮明的自我情感，同時也呈現出漢代士人在大一統專制體制下普遍受壓抑的情況。

　　歷來論及司馬遷之人生際遇，多因李陵事件對其寄予無限的同情，相較於《史記》僅以寥寥約兩三百字交代始末，《漢書》則有頗為詳盡的記載，箇中細節值得深究，本章嘗試透過

《史記》、《漢書》敘事差異的比較，剖析漢武帝對李陵事件
的處理方式，檢討司馬遷之所以慘遭如此橫禍背後的關鍵因
素，期能以更理性客觀的視角來理解司馬遷的人生際遇，並就
其〈悲士不遇賦〉探究一代史家的不遇之感。

第一節　生命中不可承受之重──《史記》撰寫及李陵事件始末[1]

　　據《史記‧太史公自序》所載，司馬遷出生史官世家，遠
祖「世典周史」，其父司馬談學識淵博，在漢武帝朝擔任三十
餘年的太史令，曾「學天官於唐都，受易於楊何，習道於黃
子」[2]，系統總結了春秋戰國秦至漢初以來陰陽、儒、墨、
法、名、道各家思想的利弊得失，並對道家思想給予高度肯
定。他為司馬遷塑造極佳的學習環境，〈太史公自序〉提到：
「遷生龍門，耕牧河山之陽。年十歲則誦古文。」十歲即師從
著名學者董仲舒及孔安國，為其學識奠定良好基礎。二十歲時

---

[1] 本節部分內容援引及修改自筆者〈國文教學中的生命教育──從
司馬遷〈報任安書〉論生命困境的超越〉一文，《警察專科學校
通識叢刊》，第11期，2019年9月，頁77-89。

[2] 〔漢〕司馬遷撰；〔劉宋〕裴駰集解；〔唐〕司馬貞索隱；
〔唐〕張守節正義：《史記》（台北：鼎文書局，1981年），頁
3288。本章所引之《史記》皆以此版本為據，以下僅注篇名，不
再另注版本出處。

從長安出發，足跡遍及江淮流域和中原地區，曾遊歷名山大川，了解各地風土人情，同時進行風俗考察及古事舊聞的蒐集。壯遊之後「仕為郎中」，開始政治生涯，其後又以使者監軍的身份，出使西南夷，擔負起在西南設郡的任務，足跡延伸至「邛、莋、昆明」等西南少數民族之地，[3]此種具有明確目的，以歷史文化考察為務的壯遊，除了視野的開拓，對日後《史記》的撰寫有著深遠影響。

漢武帝元封元年（公元前110年）司馬談因未能參與封禪盛典而憤懣抑鬱，在「發憤且卒」前將自己尚未完成的著史遺志囑託給司馬遷。[4]三年後司馬遷接續父職任太史令，〈太史公自序〉指出：「且余嘗掌其官，廢明聖盛德不載，滅功臣、

---

[3] 這段學習及漫遊的經歷見於《史記‧太史公自序》：「二十而南游江、淮，上會稽，探禹穴，窺九疑，浮沅、湘。北涉汶、泗，講業齊魯之都，觀孔子之遺風，鄉射鄒嶧；厄困鄱、薛、彭城，過梁、楚以歸。於是遷仕為郎中，奉使西征巴、蜀以南，略邛、莋、昆明，還報命。」

[4] 《史記‧太史公自序》生動記載司馬談臨終前以史相託付，父子執手流涕的凝重場面：「今天子接千歲之統，封泰山，而予不得從行，是命也夫！命也夫！予死，爾必為太史；為太史，毋忘吾所欲論著矣。且夫孝，始於事親，中於事君，終於立身；揚名於後世，以顯父母，此孝之大也。……今漢興，海內一統，明主賢君忠臣死義之士，余為太史而弗論載，廢天下之史文，余甚懼焉，汝其念哉！遷俯首流涕曰：『小子不敏，請悉論先人所次舊聞，弗敢闕。』」司馬談把身為史官世家的家族榮譽及修史的使命感傳遞給司馬遷，再三叮囑務必完成此任務，司馬遷的承諾不僅是對臨終父親的安慰，同時也是他內心遠大抱負的展現。

世家、賢大夫之不述，墮先人之言，罪莫大焉」，此言說明撰述《史記》的動機一方面出自父親的遺願，一方面是自身職責以及「述往事，以思來者」的使命感，任太史令後更是「日夜思竭其不肖之才力，務壹心營職，以求親媚於主上」（〈報任安書〉），在廣泛閱讀宮廷中藏書檔案，積累了大量歷史資料，開始了《史記》的撰作。

然而，漢武帝天漢二年（公元前99年），名將「飛將軍」李廣之孫李陵主動請纓出擊匈奴，結果兵敗被俘後投降，武帝十分震怒。滿朝文武都認為李陵叛降，全家當誅。而當時身為太史令的司馬遷卻為李陵仗義執言，結果觸怒武帝慘遭刑戮，身為受害者的司馬遷在《史記》中對李陵事件著墨不多，在〈李將軍列傳〉僅簡述在天漢二年貳師將軍李廣利「將三萬騎擊匈奴右賢王於祁連天山」，而使李陵率領其所教射的五千步兵，「欲以分匈奴兵，毋令專走貳師也」，目的在於分擔李廣利的戰場壓力，結果李陵「既至期還，而單于以兵八萬圍擊陵軍，陵軍五千人，兵矢既盡，士死者過半，而所殺傷匈奴亦萬餘人。且引且戰，連鬥八日……陵乏食而救兵不到，虜急擊招降陵。陵曰：『無面目報陛下』，遂降匈奴。其兵盡沒。」李陵投降後單于「乃以其女妻陵而貴之，漢聞，族陵母妻子。自是之後，李氏名敗」。司馬遷與李陵究竟是何等交情，值得為

他挺身辯解以致蒙受此等大禍？他當時又是如何與武帝對話？在《史記》中隻字未提，僅在最後一篇〈太史公自序〉裡以「於是論次其文。七年而太史公遭李陵之禍，幽於縲絏。乃喟然而歎曰：『是余之罪也夫！是余之罪也夫！身毀不用矣。』」這幾句話交代其因此事受刑身毀，處理得相當隱諱，但在〈報任安書〉中敘之甚詳。透過〈報任安書〉可體察司馬遷遭受宮刑的始末及受刑後的心路歷程，了解他是如何挺過宮刑所帶來的摧折，忍辱負重以發憤著書作為自我超越之路，終而成一家之言。該文作於征和二年（公元前91年），[5]距李陵之禍已有五、六年，任安，字少卿，在武帝征和年間為北軍使者護軍，征和二年奸人江充以巫蠱陷害皇后衛子夫與太子劉據，劉據憤而誅殺江充，武帝以為劉據謀反，派丞相劉屈氂率兵討伐，雙方死傷數萬，這時擔任北軍使者護軍的任安其實權力甚大，劉據曾派人持節向他求助，他接受符節卻按兵不動，

5　關於〈報任安書〉的寫作年代主要有二說，一為王國維主張的太始四年（公元前九三年），一是清人趙翼的征和二年說，二說各有學者支持，阮芝生認為二說雖各有理據，但在綜覽各家文字後思之再三，分別從七點詳加論證，主張征和二年十一月說。見氏著：〈司馬遷之心──〈報任少卿書〉析論〉，《臺大歷史學報》，第26期，2000年12月，頁164-174。朱孟庭另補充一點證明阮氏之論，見氏著：〈司馬遷〈報任安書〉的寫作意旨〉，《人文研究期刊》，第13期，2016年12月，頁1-22。此處採征和二年之說。

左右觀望。之後太子兵敗逃亡，在被追剿無路可逃下自縊。事件平息後，漢武帝將與此事相關者皆治以重罪，當時並未牽涉到任安。其後有人進言太子在「進則不得上見，退則困於亂臣，獨冤結而亡告」[6]（《漢書・武五子傳》）的處境下，不得已才「子盜父兵」，實無造反之心，漢武帝感悟到太子的冤枉，於是重新檢討先前的處置，對任安當時對待太子的態度產生懷疑，於是以其「欲坐觀成敗，見勝者欲合從之，有兩心」判處腰斬入獄待決，事見《史記・田叔列傳》。[7]任安曾寫信給司馬遷，但諸多因素司馬遷一直未能回信，任安因戾太子事件下獄後，司馬遷才透過本文自訴苦衷，以極為委婉含蓄之語開端，進而引發長篇激憤之詞，〈報任安書〉絕大部分都在陳

---

[6] 〔漢〕班固撰；〔唐〕顏師古注；楊家駱主編：《漢書》（台北：鼎文書局，1986年），頁2744。本章所引之《漢書》皆以此版本為據，以下僅注篇名，不再另注版本出處。

[7] 《史記・田叔列傳》：「其後逢太子有兵事，丞相自將兵，使司直主城門。司直以為太子骨肉之親，父子之間不甚欲近，去之諸陵過。是時武帝在甘泉，使御史大夫暴君下責丞相「何為縱太子」，丞相對言「使司直部守城門而開太子」。上書以聞，請捕系司直。司直下吏，誅死。是時任安為北軍使者護軍，太子立車北軍南門外，召任安，與節令發兵。安拜受節，入，閉門不出。武帝聞之，以為任安為詳邪，不傳事，何也？任安笞辱北軍錢官小吏，小吏上書言之，以為受太子節，言『幸與我其鮮好者』。書上聞，武帝曰：『是老吏也，見兵事起，欲坐觀成敗，見勝者欲合從之，有兩心。安當死之罪甚眾，吾常活之，今懷詐，有不忠之心。』下安吏，誅死。」

述自己因為李陵辯護而遭遇橫禍的經過，以及自乞宮刑後忍辱苟活的處境。當中提及自己與李陵的關係，文曰：

夫僕與李陵俱居門下，素非相善也，趣舍異路，未嘗銜盃酒接殷勤之餘歡。然僕觀其為人，自守奇士，事親孝，與士信，臨財廉，取與義，分別有讓，恭儉下人，常思奮不顧身以徇國家之急。其素所畜積也，僕以為有國士之風。夫人臣出萬死不顧一生之計，赴公家之難，斯已奇矣。今舉事一不當，而全軀保妻子之臣，隨而媒孽其短，僕誠私心痛之！[8]

可見司馬遷與李陵平時並無交情，但他從不同面向觀察李陵為人，認為頗具國士之風，身為臣子能夠如此不顧個人安危奔赴國家急難實已至為難得，尤其先前李陵軍隊尚未覆沒時，「使有來報，漢公卿王侯，皆奉觴上壽」，才不過幾日光景，李陵戰敗的消息傳回，就遭只知保全自身者「媒孽其短」，對於這種落井下石的行為司馬遷深惡痛絕，他客觀向武帝分析李

---

[8] 本章所引之〈報任安書〉依據〔漢〕班固撰、〔唐〕顏師古注、楊家駱主編：《漢書》（台北：鼎文書局，1986年）卷六十二〈司馬遷傳第三十二〉，頁2725-2736。以下僅注篇名，不再另注版本出處。

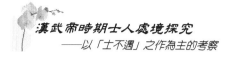

> 李陵提步卒不滿五千，深踐戎馬之地，足歷王庭，垂
> 餌虎口，橫挑彊胡，卬億萬之師，與單于連戰十餘日，所
> 殺過半當。虜救死扶傷不給……。轉鬬千里，矢盡道窮，
> 救兵不至，士卒死傷如積。……僕竊不自料其卑賤，見主
> 上慘淒怛悼，誠欲效其款款之愚，以為李陵素與士大夫絕
> 甘分少，能得人之死力，雖古名將不過也。身雖陷敗，彼
> 觀其意，且欲得其當而報漢。事已無可奈何，其所摧敗，
> 功亦足以暴於天下。

司馬遷認為李陵兵敗投降主因在於「矢盡道窮，救兵不
至，士卒死傷如積」，乃當時惡劣情勢下不得已的選擇，同時
肯定李陵以寡敵眾，孤軍奮戰的功勞足以顯揚於天下，同時安
慰武帝李陵的投降應該只是等待時機以代罪立功。沒想到司馬
遷「推言陵之功，欲以廣主上之意，塞睚眦之辭」的言論不僅
沒有有得到漢武帝的理解，盛怒下的武帝反而認為他是在藉頌
揚李陵來詆毀這場戰爭的主帥李廣利（即漢武帝寵姬李夫人之
兄），間接批判自己用人不當，才導致此次軍事失利，司馬遷
因而獲罪下獄，以「誣罔」之罪被判處死刑。

當時的死刑有兩種方式可以充抵，其一為「令死罪入贖錢五十萬減死一等」（《漢書‧武帝紀》），另一則是按照漢景帝時期所頒布的法律，「中元四年，死罪欲腐者，許之」（《漢書‧景帝紀》），處以腐刑，司馬遷奮不顧身為交情甚淺的李陵辯護，體現他就事論事的史家精神以及急人之困的俠義情懷，然而最讓司馬遷心痛的是，下獄後因「家貧，貨賂不足以自贖，交遊莫救，左右親近不為一言。身非木石，獨與法吏為伍，深幽囹圄之中，誰可告愬者！」（〈報任安書〉）短短數語道盡人情冷暖，由於沒有足夠能力得以自贖，只得選擇屈辱地接受腐刑以換取唯一生路，落得「佴之蠶室，重為天下觀笑」（〈報任安書〉）的下場，肉體及精神上都遭受極度的摧殘，他痛訴「禍莫憯於欲利，悲莫痛於傷心，行莫醜於辱先，而詬莫大於宮刑。刑餘之人無所比數，非一世也」（〈報任安書〉），宮刑帶給他的是人世間的至痛。然而，在面對死亡與接受腐刑的殘酷抉擇，司馬遷認真思索了生命的意義與價值，〈報任安書〉云：

　　僕之先人非有剖符丹書之功，文史星曆，近乎卜祝之間，固主上所戲弄，倡優所畜，流俗之所輕也。假令僕伏法受誅，若九牛亡一毛，與螻蟻何異？而世俗又不與能死

節者比，特以為智窮罪極，不能自免，卒就死耳。何也？
素所自樹立使然。人固有一死，死或重於泰山，或輕於鴻
毛，用之所趨異也。太上不辱先，其次不辱身，其次不辱
理色，其次不辱辭令，其次屈體受辱，其次易服受辱，其
次關木索、被箠楚受辱，其次剔毛髮、嬰金鐵受辱，其次
毀肌膚斷支體受辱，最下腐刑，極矣。

此言闡述其所以忍辱苟活的原因，強調自己絕非貪生怕死
之徒，而是清楚的意識到「死節」與「死罪」之別，若臨辱自
裁，世俗將以死罪來評價他，這對名節將帶來更大的傷害，生
與死對他的意義如文中所示：「人固有一死，死有重於泰山，
或輕於鴻毛，用之所趨異也。」司馬遷認為從容赴死並不困
難，甚至連奴僕婢妾皆能做到，但如何能死得有價值，才是他
思考之處，如果因磨難受辱而選擇輕生，身死名滅則無異於螻
蟻，縱使苟且偷生為世人所不齒，但是對於司馬遷而言，遭受
此等酷刑後如何勇敢生存更是何等艱難，身為文人士子，深諳
「士可殺，不可辱」（《禮記・儒行》）、「君子生以辱，不
如死以榮」（《春秋繁露・竹林》）的價值操守，他在文中羅
列周文王、李斯、韓信、彭越、張敖、絳侯、魏其、季布、灌
夫等人的遭遇，他們「身至王侯將相，聲聞鄰國，及罪至罔

加，不能引決自裁，在塵埃之中，古今一體，安在其不辱也？」司馬遷援古為例，這些人位居高位，但獲罪下獄時，皆未選擇自我了斷，藉先哲處境自慰自勉。可以說〈報任安書〉全文緊扣一個「辱」字，文中由高至低羅列了十個人世間所遭遇的恥辱，從「太上不辱先」起，連用了八個「其次」層層鋪排，悲憤之氣積蓄堆疊，最終噴湧而出，道出腐刑之極辱。尤其在文中不斷強調「詬莫大於宮刑」，自己處於「闒茸之中」、「葺以蠶室」，己身「大質已虧缺」，是「負下」、「下流」之人，是為「宦豎」、「刑餘之人」、「刀鋸之人」、「闥閤之臣」、「虧形為埽除之隸」等諸多不堪字眼來形容自己，更以受刑後「近乎卜祝之間，固主上所戲弄，倡優所畜，流俗之所輕也」道盡刑餘之人的屈辱卑微及苟合以求生的不得已。他清楚知道自己本該在獲罪之後以尊嚴的方式自我了斷，然而他之所以隱忍苟活原因在於：

　　所以隱忍苟活，幽於糞土之中而不辭者，恨私心有所不盡鄙陋，沒世而文采不表於後世也。古者富貴而名摩滅，不可勝記，唯倜儻非常之人稱焉。……僕竊不遜，近自託於無能之辭，網羅天下放失舊聞，略考其行事，綜其終始，稽其成敗興壞之紀，上計軒轅，下至於茲，爲十

表，本紀十二，書八章，世家三十，列傳七十，凡百三十
篇。亦欲以究天人之際，通古今之變，成一家之言。草創
未就，會遭此禍，惜其不成，是以就極刑而無慍色。僕誠
已著此書，藏之名山，傳之其人，通邑大都，則僕償前辱
之責，雖萬被戮，豈有悔哉？（〈報任安書〉）

「沒世而文采不表於後世」乃是他念茲在茲的事，他以周
文王、孔子、屈原、左丘明、孫臏、呂不韋、韓非等人的遭遇
自勉，他們或遭貶謫流放，或蒙受冤屈，或遭遇禍患，或身處
絕境，皆「意有所鬱結，不得通其道，故述往事，思來者」，
透過著書立說以抒憤懣之情，司馬遷同樣以發憤著書作為自我
超越之路。他在〈太史公自序〉中曾說：「自周公卒五百歲而
有孔子。孔子卒後至於今五百歲，有能紹明世，正《易傳》，
繼《春秋》、本《詩》、《書》、《禮》、《樂》之際？」意
在斯乎！意在斯乎！小子何敢讓焉！」這種自信與自負，體現
了當時的時代精神，也成為遭受宮刑後忍辱發憤的動力，除了
古人的典範外，身為史官世家後代，「司馬氏世典周史」的家
族榮譽及父親臨終前的託囑，皆是支撐著他完成《史記》最強
而有力的支柱，然而草創未就便遭此橫禍，為了成未竟之功，
他選擇承受人世間最悲慘，人格最屈辱的極刑，即便多年之

後，這種羞愧及不堪回首的過往依舊讓他備感煎熬，〈報任安書〉云：

　　且負下未易居，下流多謗議。僕以口語，遇遭此禍，重為鄉黨所戮笑，以汙辱先人，亦何面目復上父母之丘墓乎？雖累百世，垢彌甚耳！是以腸一日而九迴，居則忽忽若有所亡，出則不知其所往，每念斯恥，汗未嘗不發背霑衣也。身直為閨閣之臣，寧得自引深藏巖穴邪？故且從俗浮沈，與時俯仰，以通其狂惑。

　　這段激烈悲壯的敘述感人至深，身殘處穢不僅是肉體的斲傷與心靈的摧折，更是對祖先父母最大的汙辱，「腸一日而九迴，居則忽忽若有所亡，出則不知其所往。每念斯恥，汗未嘗不發背沾衣也」等血淚之聲，慷慨激昂地將他這股久積在底心深處的痛楚與煎熬表現得淋漓盡致，通篇自陳無妄受辱，面臨抉擇時的矛盾衝突，字裡行間也流露出對於武帝及當時酷吏政治的譴責。[9]

---

[9] 李錫鎮曾針對〈報任安書〉的表述特性進行細緻的探討，文中根據「務專心營職，以求親媚主上」等句分析，指出：「司馬遷意指其忠於職守，全為漢武帝，即使其後為李陵辯解，亦是如此；

第二節　從李陵事件對司馬遷遭遇的再思考

　　〈報任安書〉融敘事、議論、抒情為一體，字裡行間的血淚控訴，鮮明呈現出帝王的冷酷及司馬遷與李陵這兩位文臣武將悲壯淒涼的下場。漢武帝的殘酷表現在讓貳師將軍「將三萬騎擊匈奴右賢王於祁連天山。而使陵將其射士步兵五千人」（《史記‧李將軍列傳》），結果在李陵「矢盡道窮，救兵不至，士卒死傷如積」（〈報任安書〉）投降匈奴後，「卒陵母妻子」（《史記‧李將軍列傳》）。以及使「見主上慘淒怛悼，誠欲效其款款之愚」（〈報任安書〉）的司馬遷因仗義執言而「佴之蠶室，重為天下觀笑」（〈報任安書〉）。

　　不過《漢書》對於李陵事件則有不同面向且更為詳盡的陳述。首先對於李陵僅有五千步卒一事，《漢書‧李廣蘇建傳》記載天漢二年的這場戰役，武帝本來安排李陵擔任貳師將軍的

然而『事乃有大謬不然』，言事件發展竟出乎當事者預料之外，謂漢武帝不知其為李陵辯解，非全為李陵，不知其『見主上慘淒怛悼，誠欲效其款款之愚』、『推言陵功，欲以廣上主之意，塞睚眥之辭』，竟遭誤解而被判『誣上』罪名。這段敘述，用『主上』五次，『明主』、『上』各一次，指稱漢武帝，雖自言在當時未能充分表達己意（『未能盡明』、『終不能自列』），據『明主不深曉』數句，司馬遷無疑地將其個人悲劇之發生，指向關鍵人物漢武帝，『忠』而獲罪，能無怨乎？」見氏著：〈從文類觀點與撰作時機論司馬遷〈報任安書〉的表述特性〉，《臺大文史哲學報》，第81期，2014年11月，頁17。

後勤運輸（「召陵，欲使為貳師將輜重」），不過李陵叩首自請獨當一面，武帝看出他不願意聽從他人調度的心思，也擺明沒有多餘的騎兵可以提供，但李陵仍自願「以少擊眾，步兵五千人涉單于庭」，武帝欣賞他的勇氣之餘，也另外安排彊弩督尉路博德作為他的後援策應。[10]然而《史記》僅透過對比李廣利及李陵部隊人數懸殊的簡約筆法，絲毫未提李陵不願接受武帝最初的安排，而自請「願得自當一隊」，以求直接和匈奴對戰，僅有五千步卒也是李陵自己的決定。司馬遷如此輕描淡寫的交代李陵事件的起因，很難不讓人以為武帝對李陵不公不義，存心讓李陵送死。

此外，李陵投降匈奴後，武帝即使盛怒，但是對於李陵家族的處置，亦非僅是《史記》「漢聞，卒陵母妻子」如此簡單。在《漢書》中先記載在李陵敗降後過了一段時間，武帝對於李陵當時未有救兵之事表示後悔，也檢討了當初安排路博德做為接應的作法，並派使者慰勞並賞賜當時李陵麾下逃脫回來

---

10 本次戰役始末詳見《漢書‧李廣蘇建傳》：「天漢二年，貳師將三萬騎出酒泉，擊右賢王於天山。召陵，欲使為貳師將輜重。陵召見武臺，叩頭自請曰：「……願得自當一隊，到蘭干山南以分單于兵，毋令專鄉貳師軍。」上曰：「將惡相屬邪！吾發軍多，毋騎予女。」陵對：「對所事騎，臣願以少擊眾，步兵五千人涉單于庭。」上壯而許之，因詔彊弩都尉路博德將兵半道迎陵軍。」

的士兵。[11]李陵在匈奴歲餘，武帝派因杅將軍公孫敖率兵深入匈奴境內欲接應李陵回歸漢朝，結果無功而返，公孫敖對武帝的報告才是導致李陵家族悲劇的關鍵：「敖軍無功還，曰：『捕得生口，言李陵教單于為兵以備漢軍，故臣無所得。』上聞，於是族陵家，母弟妻子皆伏誅。」（《漢書·李廣蘇建傳》），雖然《漢書》也再補充說明，之後漢朝再次派使者入匈奴，此次終於見到李陵，李陵憤慨質問使者自己「為漢將步卒五千人橫行匈奴，以亡救而敗，何負於漢而誅吾家」，也解釋教匈奴為兵之事乃李緒而非自己，但是武帝也是根據錯誤的信息，為抒發遭受李陵背叛的怒氣，並且殺雞儆猴以儆效尤，才決定族滅李陵家族。是故，身為當事人及受害者的司馬遷，在《史記》中對於李陵事件的描述，僅以寥寥數十字的篇幅簡略且隱諱的帶過，諸如漢武帝處理此事的態度，以及他在當時究竟是如何與武帝對話均未交代，身為史學家，當撰述的內容涉及所處時代的敏感議題，為顧及現實政治上的壓力，以至於無法進行完整的敘述，這是客觀現實環境所造成的限制。另一方面難免也會受到個人主觀意識的影響，特別是當本人也牽涉

---

[11] 《漢書·李廣蘇建傳》：「久之，上悔陵無救，曰：『陵當發出塞，乃詔強弩都尉令迎軍。坐預詔之，得令老將生奸詐。』乃遣使勞賜陵餘軍得脫者。」

其中，這應該是司馬遷《史記》以上述方式處理李陵事件的主因。[12]與此事相關的諸多細節是靠《漢書》記載下來，當然班固不少材料是取自司馬遷〈報任安書〉，他在《漢書·司馬遷傳》中也全錄該文。但在某些程度上，無論是對漢武帝抑或是對李陵，班固《漢書》的敘述更為細膩且客觀。

首先，《漢書·李廣蘇建傳》多所記錄司馬遷當時對武帝的發言，文曰：

> 後聞陵降，上怒甚，責問陳步樂，步樂自殺。群臣皆罪陵，上以問太史令司馬遷，遷盛言：「陵事親孝，與士信……宜欲得當以報漢也。」

陳步樂乃李陵部下，後因李陵投降一事而自殺，群臣們也紛紛出言譴責李陵，武帝詢問太史令司馬遷的看法，他盛言辯護的內容，根據〈報任安書〉可知，大抵為對李陵具國士之

---

[12] 上述說法援引自逯耀東〈對匈奴問題處理的限制〉，文中針對司馬遷《史記》對匈奴問題的處理，列舉自漢初以來多次事件進行討論，當中提到：「司馬遷撰寫武帝一朝的歷史，尤其關於匈奴問題，由於個人工作的關係，直接或間接接觸到這方面的人和事，並且更因李陵事件，其個人又捲入這個歷史問題的漩渦。所以，在他遇到這個問題及相關的材料時，很難避免某種程度的個人主觀意識的影響。」見氏著：《抑鬱與超越——司馬遷與漢武帝時代》（台北：東大圖書股份有限公司，2015年），頁292。

風、僅以五千步卒對戰匈奴八萬鐵騎、雖古之名將亦不過如此，以及矢盡道窮，身雖陷敗，實欲得當以報漢的推斷。班固對於李陵英勇奮戰場面也有更多的描寫，甚至還明白提出「陵與單于相值，而貳師功少」（《漢書‧李廣蘇建傳》）的評論，高度且正面肯定李陵的表現。但是班固在這裡用了「盛言」二字，頗有弦外之音，盛言意味著竭力申說，言詞滔滔的樣子。司馬遷或許認為自己當下是秉持著客觀公允的態度向武帝進行分析。就人而言，他與李陵素無交情，沒有偏私護短之嫌；就事而論，他只是據理陳述李陵之英勇與戰功，他曾在〈報任安書〉中自述「僕懷欲陳之，而未有路。適會詔問，即以此指推言陵功，欲以廣主上之意，塞睚眦之辭」，可見他早想向武帝陳說上述看法，卻無路進言，恰逢武帝主動詔見詢問，便按此意申說，希望武帝能再冷靜思考，並寬慰武帝的情緒，同時遏止那些仇恨攻擊的言論，可惜他這番盛讚李陵的義正嚴詞，只是凸顯出武帝妻舅李廣利的無能，同時也刺激武帝一切都是因他安排失當所致，無怪乎武帝以為他「沮貳師，而為李陵游說」，尤其在得知李陵戰敗後，武帝「食不甘味，聽朝不怡，大臣憂懼，不知所出」（〈報任安書〉），當時朝廷凝重的氣氛不言可喻，司馬遷身為負責掌管文史星曆，撰史著書的太史令，卻對政治軍事議題大抒議論，替「素非相善」的

李陵發聲，看法與朝中「皆罪陵」的群臣們全然相佐，加上李陵事件發生在天漢二年，為武帝中晚年時期，在位已四十一年的武帝此時年長威重，其威權更是絲毫不容挑戰，當時公卿大臣一面倒齊聲譴責李陵的叛國行為，也是意料中事。因此班固用「盛言」來形容司馬遷與武帝的對話，就當時狀況而論，司馬遷的發言顯然也有不妥之處，《漢書‧司馬遷傳》對於司馬遷撰寫《史記》之得失進行評價，讚美他「有良史之材」，另外對於他的遭遇深表感慨：

> 嗚呼！以遷之博物洽聞，而不能以知自全，既陷極刑，幽而發憤，書亦信矣。跡其所以自傷悼，《小雅》巷伯之倫。夫唯《大雅》：「既明且哲，能保其身」，難矣哉！

班固援引《詩經‧大雅》告誡唯有明智者才懂得遠身避禍，保全己身之理，但也感嘆要能做到明哲保身實非易事，就算博學多聞如司馬遷，也難免因一時思慮不周而付出慘痛的代價，對他慘遭刑戮深表同情之餘，也委婉道出身為人臣，他論辯時那番滔滔「盛言」實有過當之處，這也是看待司馬遷人生際遇時應有的另一層思考。

第三節　士人之悲，己身之悲的投射——〈悲士不遇賦〉

　　司馬遷懷抱不羈之才與雄心壯志，同時肩負父親遺命撰作《史記》，卻因李陵事件獲罪下獄而慘遭刑戮，透過〈報任安書〉傾訴他獲罪原委及受刑後忍辱含垢的心路歷程，字字血淚，語多激憤，文中透顯出他憤慨之情及對專制威權的控訴，其〈悲士不遇賦〉以「士不遇」為題敘寫士人不遇處境，當中亦寄託己身的不幸遭遇。《漢書・藝文志》記載：「司馬遷賦八篇」，現僅存〈悲士不遇賦〉一篇，本文寫作時間不詳，亦有疑為偽作之說，[13]是否為全文也不得而知，但一般認為應此時已遭遇李陵之禍，當寫於〈報任安書〉之後，乃其晚期的作品，與〈報任安書〉相觀照有諸多呼應之處，茲錄〈悲士不遇

13　踪凡《漢賦研究史論》提到明人胡應麟認為司馬遷〈悲士不遇賦〉疑為偽作，但今人鄭良樹從四方面證明此篇實為司馬遷作品，文曰：「其（胡應麟）《詩藪・雜編》認為是『六朝淺陋者因陶〈序〉引之，贋作玩世耳』。鄭良樹從四個方面論證了該賦是司馬遷的真著：1.本賦主要表達出司馬遷蹈厲奮發、懷才不遇及歸依自然的思想和心情，和司馬遷其他著作頗有相合之處。2.本賦一些習慣用語、習用詞彙以及典型句子，和《史記》及〈報任少卿書〉頗有相合處。3.陶潛〈感士不遇賦〉有暗用本賦之處。4.唐代歐陽詢、李善所見〈悲士不遇賦〉之傳本甚悠遠。（鄭良樹：〈司馬遷的賦論〉，香港《新亞學術集刊》第13輯，1994年）」見氏著：《漢賦研究史論》（北京：中國人民大學出版社，2016年），頁55-56。

賦〉全文如下：

　　悲夫！士生之不辰，愧顧影而獨存。恆克己而復禮，懼志行之無聞。諒才韙而世戾，將逮死而長勤。雖有形而不彰，徒有能而不陳。阿窮達之易惑，信美惡之難分。時悠悠而蕩蕩，將遂屈而不伸。使公於公者，彼我同分，私於私者，自相悲兮。天道微哉！吁嗟闊兮；人理顯然，相傾奪兮。好生惡死，才之鄙也；好貴夷賤，哲之亂也。炤炤洞達，胸中豁也；昏昏罔覺，內生毒也。我之心矣，哲已能忖；我之言矣，哲已能選。沒世無聞，古人惟恥。朝聞夕死，孰云其否。逆順還周，乍沒乍起。無造福先，無觸禍始。委之自然，終歸一矣。理不可據，智不可恃。[14]

　　通篇文字簡勁僅約一百八十餘字，以「悲」字起首感嘆士人生不逢時，慚愧己身孤絕無依，這正是他自身處境的真實寫

[14] 《漢書‧藝文志‧詩賦略》載「司馬遷賦八篇」，然今僅存〈悲士不遇賦〉，收錄在唐歐陽詢編纂之《藝文類聚》卷三十。本文引自《全漢賦》，蓋《全漢賦》所輯校之〈悲士不遇賦〉，即以《藝文類聚》卷三十所錄為底本，參校《文選》李善本中部分詩注。見費振綱、胡雙寶、宗明華輯校：《全漢賦》（北京：北京大學出版社，1993年），頁142。本章所引之〈悲士不遇賦〉，皆以此本為據。

照。特別是被刑之後「顧自以為身殘處穢，動而見尤，欲益反損，是以獨鬱悒而誰語」（〈報任安書〉），即使時刻自我約束，孜孜矻矻勤勉修身，然而世道暴戾，志行無法彰顯於世，這種感嘆生之不辰及憂懼時光易逝，深恐沒世無聞的焦慮無奈，成為有志文人的共同情緒。文中對於天道難明，人間事理為何只有傾軋爭奪同樣感到不解，以及對窮達易惑、美惡不分、賢愚莫辨的黑暗現實提出控訴，更為自己的際遇感到憤恨不平，要能遇見「使公於公者，彼我同兮」，真正「能忖」、「能選」一己心意的智者哲人是何其困難，如同〈報任安書〉所言：「誰為為之，孰令聽之？蓋鍾子期死，伯牙終身不復鼓琴。何則？士為知己者用，女為悅己者容。若僕大質已虧缺矣，雖才懷隨和，行若由夷，終不可以為榮，適足以見笑而自點（玷）耳」，回想起當時牽連下獄獲遭死罪，然「交游莫救，左右親近，不為一言」（〈報任安書〉），司馬遷的感觸想必至為深刻。

文末「逆順還周，乍沒乍起。無造福先，無觸禍始」等語，表露其內心的無限感慨，他援引道家思想寬慰自己，世間的逆順與福禍乃循環往復之理，沒有人事先能造下洪福，也非初始便遭遇大禍，最終以道家齊物無為、委任自然，歸終於一的思想作為解脫之道，可與〈報任安書〉中的「從俗浮沉，與

時俯仰，以通其狂惑」相對照。這或許是他歷經刑戮之後在精神層面上所尋求的自我安慰，相較於東方朔、董仲舒，其不遇之作所流露出的情感自是更加強烈。故本文所「悲」者，不僅是司馬遷一己遭遇之控訴，其背後更蘊含了專制政權對士人身心戕害的切身之痛，為同懷理想抱負卻無法抒發己志，甚而遭受不幸的士人深表悲哀。

只是面對「懼志行之無聞」，司馬遷早已確立藉史以言志，以實踐經世之道。在〈太史公自序〉中他申說如何透過著述實踐承先繼聖的使命，而〈報任安書〉則道盡身受奇恥卻願隱忍苟活，乃在於「恨私心有所不盡，鄙陋沒世而文采不表於後世也」，他從古往今來的聖賢及志士仁人身上尋找力量，以此為典範砥礪自己這些不朽的經典「大抵聖賢發憤之所作為也」（〈太史公自序〉），他們往往在建功立業的路途上遭遇到磨難或迫害，而「終不可用，退而論書策，以抒其憤，思垂空文以自見」（〈報任安書〉），以突破現實的困頓。他秉承《左傳》之「三不朽」觀，[15]他曾在〈與摯伯陵書〉中說：「遷聞君子所貴乎道者三，太上立德，其次立功，其次立言」

15　《左傳・襄公二十四年》：「太上有立德，其次立功，其次立言，雖久不廢，此之謂三不朽。」見〔晉〕杜預注、〔唐〕孔穎達疏：《春秋左傳正義》（台北：藝文印書館《十三經注疏》，1993年），卷三十五，頁a。

16，李陵之禍前司馬遷建功立業之心甚為強烈，17然遭刑之後「身殘處穢」，立功無望，惟有以道德的完善做為人生追求的目標，並透過立言以顯名。也因此在〈報任安書〉中司馬遷情緒如此激切，他以千迴百轉之筆，血淚控訴自己對榮辱、生死的深刻思考，其「人固有一死，或重於泰山，或輕於鴻毛」的生死觀更如金科玉律，為多少志士仁人奉為圭臬，他把不甘受辱，欲引決而終未引決的悲憤與痛苦轉化成立志著書的壯志，最終實踐自己人生理想，在「棄小義，雪大恥」這樣堅毅的信念指引下，現實人生的痛苦猶疑、苦悶淒涼抑或是悲恨絕望，都在著書立說的過程中得以紓解。他藉史言志抒懷，往往透過筆下的人物，寄託強烈的身世之感，嘆人實為自嘆，悲人實為自悲。誠如魯迅所言：

16　收錄於〔清〕嚴可均輯：《全上古三代秦漢三國六朝文》（一），（北京：中華書局，2009年），頁273。

17　司馬遷在〈報任安書〉中曾自述其是如何積極進取尋求機會，以為君為國盡一己之力，他曾絕賓客之往來，忘卻家中事務，只為一心一意事主，文曰：「僕少負不羈之才，長無鄉曲之譽，主上幸以先人之故，使得奉薄伎，出入周衛之中。僕以為戴盆何以望天，故絕賓客之知，忘室家之業，日夜思竭其不肖之材力，務壹心營職，以求親媚於主上。」足見其建功立業之心甚為強烈。文中還將士人建功立業的標準區分為最上者「納忠效信，有奇策才力之譽，自結明主」；次之為「拾遺補闕，招賢進能，顯巖穴之士」；外之為「能備行伍，攻城野戰，有斬將搴旗之功」；下之為「累日積勞，取尊官厚祿，以為宗族交遊光寵。」曾對為世所用表達深切渴望，期許建立非凡功業。

恨為弄臣，寄心楮墨，感身世之戮，傳畸人於千秋，雖背《春秋》之義，固不失為史家之絕唱，無韻之《離騷》矣。惟不拘於史法，不囿於字句，發于情，肆於心而為文，故能如茅坤所言：「讀〈遊俠傳〉即欲輕生，讀〈屈原〉、〈賈誼傳〉即欲流涕，讀〈莊周〉，〈魯仲連傳〉即欲遺世，讀〈李廣傳〉即欲立鬥，讀〈石建傳〉即欲俯躬，讀〈信陵〉，〈平原君傳〉即欲養士也。」[18]

透過其筆下的人物，不乏看見專制皇權對於士人無情的摧折，但更多時候所展現的，是士人對於道德操守的堅定不移，為實踐理想的義無反顧，遭遇困境時的積極進取，以及面對死亡的勇敢無懼。他以史家之筆高揚士之獨立人格及士之所以為士的最高價值，也正是這種精神不斷激勵自古以來的知識分子。因此司馬遷雖以飽蘸血淚之筆極盡幽怨地控訴受刑之辱，但並未給人厭世消極之感，更未陷溺在自憐自怨的情緒中，而是充溢著一股身殘志堅的英雄氣勢，這種擇生踐志的勇氣，不僅來自於父親的遺願、先人的榜樣，更多出自於作者理性思

18　魯迅：《漢文學史綱要》，（上海：上海世紀出版集團，2011年），頁44。

考、強烈的使命感及堅毅不屈的人格特質。魯迅曾言：「真的猛士，敢於直面慘淡的人生，敢於正視淋漓的鮮血」[19]，司馬遷對於自我生命困境的超脫，實可謂知識分子的最佳典範。

---

[19] 魯迅：〈紀念劉和珍君〉，原文於1926年4月12日發表於《故事會》周刊第七十四期。後收錄於魯迅雜文之《華蓋集》，此處援引自https://kknews.cc/culture/rro4g3o.html。

第七章　結語

第一節　士人地位的變化——從天下游士到一主
之臣

　　西漢文學遇與不遇主題的產生並非偶然，與士人地位的歷史變化關係密切，漢初士人對於暴秦所產生的逆反心理，致使他們對於新興政權懷抱著無限憧憬，如陸賈[1]、賈誼等文臣，殫精竭慮為帝國擘劃長治久安之策，積極進取以求為世所用，輔以當時清靜寬緩的時代背景，戰國士文化得以復興，藩國賓客之盛，為士人營造了與春秋戰國時期相似的活動空間，士人群體呈現自由流動的面貌，除了朝廷，部分士人秉持賢臣擇主而事的理念，遊走於藩國之間，渴望成為帝王師友，無論朝廷

1　陸賈《新語・思務》提出：「聖人不空出，賢者不虛生」，他認為懷道卻選擇隱身避世，是不忠之舉，〈慎微〉：「殺身以避難，則非計也；懷道而避世，則不忠也。」批評出世之徒：「猶人不能懷仁行義，分別纖微，忖度天地，乃苦身勞形，入深山，求神仙，棄二親，捐骨肉，絕五谷，廢《詩》、《書》，背天地之寶，求不死之道，非所以通世防非者也。……視之無優游之容，聽之無仁義之辭，忽忽若狂痴，推之不往，引之不來，當世不蒙其功，後代不見其才，君傾而不扶，國危而不持，寂寞而無鄰，寥廓而獨寐，可謂避世，非謂懷道者也。」主張身為士人當積極為大漢政權貢獻才智，反映出當時士人的價值追求。

抑或藩國士人，莫不將濟世視為畢生宏業。西漢前期這六、七十年間，士人個體生命保有一定的自由，一般認為從漢初到景帝末年，無論是中央或藩國，士人群體呈現出一片昂揚進取的風貌，整體而言反映出士人對自身處境的滿意。當然還是存有對己身際遇感到不滿，透過弔屈傷己或悲時憫世，來抒發不遇之感，以中央士人賈誼與藩國士人嚴忌為代表。

賈誼以敏銳的歷史意識和超前的政治眼光，洞悉當時天下和洽背後所潛藏的嚴峻隱患，無奈仕途坎坷又英年早逝，廣泛引起後人同情，儼然成為失意文人的代言者。其〈弔屈原賦〉祖述屈原騷賦發憤以抒情的基調，開啟了漢代辭賦家悼屈、擬騷的先例，〈鵩鳥賦〉則論說個人命運的窮通之理，成為漢代辭賦探討命運主題的先河。藩國文人嚴忌〈哀時命〉純為騷體，透過對時命不濟之悲，抒發不遇之感。屈騷的哀怨在漢代文人心中逐漸形塑成一種情結，此後哀傷時命與悲士不遇成為漢代辭賦中尋常出現的主題，只是屈原的憂時傷逝肇因於家國憂患，漢代士人則是針對自我際遇的感慨。另一方面，漢初士人政治壓力較為舒緩，賈誼憂患時事，毫無禁忌的呈獻長策，藩國士人嚴忌等人從吳轉游至梁，均反映了此一時期士人的自由，至漢武帝時期，採主父偃之議施行推恩令，達到分化藩國諸侯政治勢力的目的，游士風尚因而漸趨式微，政治形勢的變

化促使士人湧向中央，隨著大一統政權的落實，士人過往思想自由及獨立自主性逐漸喪失，從天下游士成為一主之臣，對於君權開始產生著高度的依附性。

第二節　漢武帝的用人心態——所謂才者，猶有用之器

在漢武王朝昂揚氣勢感染及帝王求賢若渴的呼喚下，「四方士多上書言得失，自炫鬻者以千數」（《漢書・東方朔傳》），此一時期得人最盛，整體言之，士人是幸運的，身處四海已定、天下一統的昌盛時代，武帝不拘一格，廣開門徑，以各種方式提拔「非常之人」，即使出生寒微亦得以拜為卿相，儒生憑藉學識入仕的比例也大為提升。[2]

---

[2] 禹平指出：「儒生能夠憑藉其學識而位極人臣，這種事情的發生則要等到武帝之後。漢代初期，皇帝權威還受到各種因素的影響，比如諸侯王權勢顯赫，跟隨劉邦取天下的功臣需要分享利益並將這種利益分享機制傳承下去，這些都使得漢代初期的官僚體系更多地受到利益分配格局的牽制。這種軍功權貴式的政治體制一直存在於漢初的數位皇帝在位之時。到漢武帝時期，一方面由於軍功權貴階層本身的逐漸式微，一方面也由於漢武帝的新政，這些都造成先前政治權力格局的變革。漢武帝通過各項制度的設立，將人才吸收的對象擴及帝國每一個民眾身上，同時也給予他們較為便利和寬廣的上升渠道，這才有了普通儒生群體政治升進機會的增加。」見氏著：《兩漢儒生的社會角色》（北京：社會科學文獻出版社，2012年），頁119-120。

　　面對如日中天的帝國氣象，不少辭賦家以文學之筆潤色鴻
業，對盛世榮光充滿讚揚，此一時期士人入世的激情更為強
烈，熱切為皇權服務，功名利祿固然是一大誘因，但對於大一
統政治的欽慕與嚮往更是主要因素，特別是儒士對於新秩序產
生了高度認同及美好想像，武帝一朝，儒學與專制政體趨於緊
密，逐漸演變成為一套為專制政治服務的工具，在此框架之下
皇權高度膨脹，成為一主之臣的士人處境往往動輒得咎，《資
治通鑑》中一段汲黯與武帝的對話，赤裸地反映出武帝對待人
才的心態：

　　　上招延士大夫，常如不足；然性嚴峻，群臣雖素所愛
　　信者，或小有犯法，或欺罔，輒按誅之，無所寬假。汲黯
　　諫曰：「陛下求賢甚勞，未盡其用，輒已殺之。以有限之
　　士恣無已之誅，臣恐天下賢才將盡，陛下誰與共為治
　　乎？」黯言之甚怒，上笑而諭之曰：「何世無才，患人不
　　能識之耳。苟能識之，何患無人？夫所謂才者，猶有用之
　　器也，有才而不肯盡用，與無才同，不殺何施？」黯曰：
　　「臣雖不能以言屈陛下，而心猶以為非；願陛下自今改
　　之，無以臣為愚而不知理也。」上顧群臣曰：「黯自言為

便辟則不可，自言為愚，豈不信然乎？」[3]

　　汲黯認為武帝雖破格舉用大量人才，但對待人才過於嚴峻，常無所寬宥，動輒誅殺，如此下去天下賢才將盡，勸諫武帝當珍愛人才。然而武帝卻不以為然，以「何世無才」回應，認為只要懂得選才以施用，何患無人？更直言「所謂才者，猶有用之器也，有才而不肯盡用，與無才同，不殺何施？」武帝視才如器，士人一旦不為所用，便毫無存在價值，漢武帝晚年更是殺伐萬數，「法令亡常，大臣亡罪夷滅者數十家」（《漢書‧李廣蘇建傳》）。士人普遍感受到來自君主專制的沉重壓力，[4]他們必須戰戰兢兢，學習屈己崇君，臣服在至高無上的皇權腳下，因此不少如公孫弘、倪寬、主父偃等輩，他們或苟合取容，或恭謹畏事，比起「好直諫，數犯主之顏色」（《史

[3]　〔宋〕司馬光編著；〔元〕胡三省音注：《資治通鑑》（卷十九），（北京：中華書局，1982年），頁637-638。

[4]　面對專制政治上的壓力，早在賈山《至言》中即已道出士人所承受的龐大壓力感，《漢書‧賈鄒枚路傳》：「雷霆之所擊，無不摧折者；萬鈞之所壓，無不麋滅者。今人主之威，非特雷霆也；勢重，非特萬鈞也。開道而求諫，和顏色而受之，用其言而顯其身，士猶恐懼而不敢自盡，又乃況於縱欲恣行暴虐，惡聞其過乎！震之以威，壓之以重，則雖有堯舜之智，孟賁之勇，豈有不摧折者哉？」見〔漢〕班固撰；〔唐〕顏師古注；楊家駱主編：《漢書》（台北：鼎文書局，1986年），頁2330。

記・汲鄭列傳》），他們更在乎的是如何取媚於上以保全己身。天子的用人政策對於士人的遇或不遇起著決定性的影響，更多時候標準全然取決於君主一己之好惡，因此對於士人而言，君臣間的遇合存在著很大的偶然性，這點在東漢王充《論衡・逢遇》即明言：

> 世主好文，己為文則遇；主好武，己則不遇。主好辯，有口則遇；主不好辯，己則不遇。文主不好武，武主不好文；辯主不好行，行主不好辯。[5]

就如被武帝視為「社稷之臣」的汲黯，對於自己的際遇不如後起之秀公孫弘和張湯，也曾當面責難武帝，《史記・汲鄭列傳》云：

> 始黯列為九卿，而公孫弘、張湯為小吏。及弘、湯稍益貴，與黯同位，黯又非毀弘、湯等。已而弘至丞相，封為侯；湯至御史大夫；故黯時丞相史皆與黯同列，或尊用過之。黯褊心，不能無少望，見上，前言曰：「陛下用羣

---

[5] 劉盼遂：《論衡集解》（台北：世界書局，1976年），頁4。

臣如積薪耳，後來者居上。」上默然。有閒黯罷，上曰：
「人果不可以無學，觀黯之言也日益甚。」

　　當年汲黯列為九卿之位時，公孫弘、張湯不過都只是小
吏，但是這兩人扶搖直上，日益顯貴，其後公孫弘成為丞相並
獲封侯，張湯也擔任御史大夫，汲黯心裡自然不是滋味，以
「用羣臣如積薪耳，後來者居上」等語埋怨武帝，雖然《史
記》此處以「褊心」，亦即心胸狹窄來形容汲黯的氣度，但是
武帝對於汲黯的施用，的確是存在著鮮明的主觀好惡，在武帝
朝汲黯絕對不會是唯一的特例。因此，上位者對於人才的任用
充滿著太多士人無法掌握的人治色彩，從卿相到匹夫可能就在
一夕之間，命運更是全然繫於君主之手，東方朔〈答客難〉：
「綏之則安，動之則苦；尊之則為將，卑之則為虜；抗之則在
青雲之上，抑之則在深泉之下；用之則為虎，不用則為鼠。雖
欲盡節效情，安之前後？」寫實地揭露出士人失去自主及自
尊，或綏或動，或尊或卑，或抗或抑，用與不用全然取決於君
主的無奈。西漢後期的揚雄的體會更為深刻：「當途者入青
雲，失路者委溝渠，旦握權則為卿相，夕失勢則為匹夫」
（《法言‧解嘲》），這種無力感深深壟罩著漢代士人的心
靈，如同無解的難題。

第三節　歸因時命，委順自然的心靈安頓

　　這個讓士人引以為傲的繁華盛世，同時也讓他們備感壓抑，有志難伸，東方朔、董仲舒、司馬遷同為班固《漢書》中所羅列的重要人才，分別以滑稽、儒雅、文章著稱於世，為武帝朝不同類型士人的代表，東方朔遭俳優畜之，董仲舒畏罪歸家，司馬遷以言得禍，都曾以「不遇」為題，表達生不逢時，壯志難酬的感慨，班固眼中得人之盛與士人實際感受存在著相當程度的落差，對此，李炳海認為：

　　　　遇是正統史學家的觀念，不遇是有血性文人的感受。
　　班固是一位正統觀念很強的史學家，他對漢武、宣世得人
　　之盛的描述，一方面以歷史事實為根據，同時也寄託了儒
　　家太平盛世的理想。儒家的傳統觀念認為，太平盛世的重
　　要標誌是賢能之士普遍得到任用，因此，對於武、宣時代
　　的士人，班固所關注的是他們所獲得的信任、榮譽，以及
　　他們所取得的成就，並且把這一切都歸結為政治的清明，
　　漢天子的聖智，描繪出一幅人才輩出的美好畫面。面對士
　　人的坎坷和不幸，班固則沒有投放更多的注意力，許多士
　　人的悲慘命運根本不在他的視野之內，這就難免把西漢強

盛期士人的生存理想化。那些有血性的文人和正統正統史
學家班固不同,他們有自己的志向和追求,有自己的喜怒
哀樂,不平則鳴,發憤以抒情。他們對自己不遇的失望情
緒毫不掩飾,只有把它宣洩出來才能減輕心靈的痛苦。[6]

　　史學家從宏觀的角度進行檢證及立論,認為漢代的確是歷
史上前所未有太平盛世,對於士人個別性的遭遇自然不在其視
野範圍之內。然而,遇與不遇取決於個人主觀感受,因此就士
人個體而論,不免仍有些失意者,他們終身坎坷與仕宦無緣,
或是已進入權力核心,但仍感有志難伸,對於自身處境不甚滿
意,在他們眼中所謂的盛世是以能否「得時」與「可為」為指
標,動輒將現今與往昔進行對比,嚴忌〈哀時命〉的「哀時命
之不及古人兮,夫何予生之不遘時」;東方朔〈答客難〉以
「彼一時也,此一時也」來解釋戰國游士的幸遇與己身的不
遇;董仲舒〈士不遇賦〉懷抱「生不丁三代之盛隆兮,而丁三
季之末俗」的感慨;〈司馬遷〉悲士不遇賦以悲字起首,感嘆
「士生之不辰」,才造成其「愧顧影而獨存」、「雖有形而不

6　李炳海:《漢代文學的情理世界》(長春:東北師範大學出版
　　社,2000年),頁24。

彰，徒有能而不陳」的遺憾，都是將己身的不遇歸咎於生不逢時，似乎只要能讓他們遇到一個理想時代，眼前的困蹇坎坷便不會發生，然而不論是屈原所處的戰國，還是漢武盛世，恆有不遇之遺珠，究竟何時才是最好的時代？《周易・文言》有言：「天地閉，聖人隱」，意謂身處混亂的局勢，聖人明哲保身，有所隱藏，才是人生最佳選擇。《論語・泰伯》亦云：「篤信好學，守死善道。危邦不入，亂邦不居。天下有道則現，無道則隱。邦有道，貧且賤焉，恥也。邦無道，富且貴焉，恥也。」孔子認為無道的亂世對賢哲而言是不幸的，退隱是他們唯一的選擇，但是東方朔〈答客難〉卻認為天下無道並不妨礙君臣的遇合，反而亂世出英雄，也才有用武之地，文中所列舉的戰國及秦漢之際的傑出人物，皆為推動歷史的關鍵人物。其筆下一再提到的范蠡、伍子胥、范雎、蔡澤、蘇秦、張儀、樂毅、李斯等人，正是理危履亂，輔佐君主稱霸，並與君主遇合之士，在他眼中，大一統安定的環境使其缺乏揮灑的舞台，遭逢亂世對士人而言反倒是一種幸運，因此東方朔感嘆「今則不然，聖帝流德，天下震懾，諸侯賓服，四海之外以為帶，安於覆盂，天下均平，合為一家。動發舉事，猶運之掌，賢與不肖何以異哉？」（〈答客難〉），認為就是因為太平盛世之下，君權的高揚膨脹而導致士人價值的貶抑，這樣的觀點

無疑是對儒家傳統的反動，導致一方面肯定生活在天下有道的太平盛世，對朝廷歌功頌德，一方面又感嘆正是這樣的時空背景導致他們有志不得伸，終而以正心修身成做為人生的終極目標。

　　此外，他們不約而同汲取道家思想，除了為其不遇提供哲學上的解釋，在感嘆天道幽微、命運難知之餘，再將現實生命的難題寄託在委之自然、抱樸守素，以尋得安慰與開解。如東方朔〈誡子詩〉的「優哉游哉，與道相從」、「聖人之道，一龍一蛇，形見神藏，與物變化，隨時之宜，無有常家」；〈據地歌〉的隱於金馬門可以避世全身，都可看到他在政治理想破滅後，以道家隱逸避俗，緣督為經的處世哲學。一代大儒董仲舒〈士不遇賦〉在深感生不逢時、禍福無常之餘，也以「孰若返身於素業兮，莫隨勢而輪轉」，執守道家虛靜自守之道，司馬遷同樣也是透過「天道微哉，吁嗟闊兮」的感慨，表達天道幽昧難解，人世間的窮達、生死、貴賤、禍福亦然，終以道家思想歸結世間的逆順禍福乃循環往復之理，以「無造福先，無觸禍始，委之自然，終歸一矣」為自我寬慰之道。

第四節　從人格特質論人生際遇

　　然而，外在時空環境只是影響人生際遇發展的因素之一，個人之氣質性格，往往更是關鍵所在，細究這些懷抱深沉不遇之感的士人（包含直臣汲黯），似乎都有些共同的人格特質，他們思想單純，過於浪漫理想，不擅長甚至不在乎人際經營，無論是君臣間的應對或是同僚間的相處。單純認為只要努力培養豐富的學識與才幹，懷抱熱忱的濟世情懷以及對君主國家秉持耿耿忠誠，所有的理想抱負，雄心壯志便可理所當然，水到渠成的實踐，然而誠如蘇軾所言「非才之難，所以自用者實難」（〈賈誼論〉），懷才並非難事，決定權操之在己，但能否能在對的時間（恰當的時機點，亦即士人心中的理想時代），遇到對的人（士人所企盼的明君聖主），在最佳的地點（廟堂朝廷）來發揮所懷之才，這才是真正的困難處。

　　賈誼才華洋溢又少年得志，在朝中年紀最輕，可謂政壇明日之星，在議政上屢有傑出表現而獲文帝破格拔擢，但不懂得適時藏鋒，「每詔令議下，諸老先生不能言，賈生盡為之對」（《漢書・賈誼傳》），其年少初學不懂人情世故及官場倫理，故受同僚排擠而遭文帝疏遠，又因缺乏政治歷練，以及個性敏感多愁，不明有所待、有所忍的人生修為，最後抑鬱而

終。

　東方朔詼諧滑稽，高自稱譽，敖弄公卿、譏哂豪桀，其冒犯君臣倫常，不拘禮法之狂言狂行更是不勝枚舉，雖渴望能為天子大臣，議政時也勇於指陳時弊，不失諫臣本色，但是放蕩不羈的調笑言行，如何委以朝中重任？因此在武帝眼中早已建立了難以扭轉的滑稽形象。

　董仲舒進退容止，非禮不行，專勤於學術甚至可三年不窺園，性格方正廉直，面對同僚公孫弘的迎合奉承，毫不隱藏地表達出不屑的態度，因而招致公孫弘的嫉恨，故意推薦他擔任暴戾驕恣的膠西王相，也曾因起草災異之記，被主父偃竊書上奏而招致殺身之禍。縱使所上之〈天人三策〉對當時貢獻極大且影響深遠，其人品學兼備亦具王佐之材，卻在仕途之路未能更上層樓，還屢遭同僚嫉害，其方正嚴肅的學者性格，徒有學養才幹，然不精於應對處事，結果只能透過〈士不遇賦〉排遣苦悶心聲。

　至於司馬遷，替「素非相善」的李陵辯護，一番義正嚴詞竟為自己招來此等大禍，確實無妄無辜，然而即如《漢書》以「盛言」二字形容他在回應武帝時理直氣壯、氣勢滔滔的言論態度，就當時朝廷氣氛及人臣之禮而言，的確也有未當之處。

　他們在性格上自我色彩過於濃重，對於個人原則有太多堅

持，不懂人際經營之必要，不明理想抱負的實踐尚待諸多外緣因素共同成就，人生路途上磕碰跌撞，甚至以悲劇作結，自然在所難免。特別是處在空前強化的專制強權之下，面對眼前雄才大略又視人如器的一代霸主，適時的察言觀色以體察上意，靈活審酌當下情境，恰如其分的拿捏君臣之間的分際，不僅是人臣之禮，更是生存之道。更多時候，臣服與奴性，苟合以取容，往往致勝於才能的擁有。魯迅也曾對司馬遷的被刑提出「蓋雄于文者，常桀驁不欲迎雄主之意，故遇合常不及凡文人」[7]的看法，就連司馬遷自己也不得不承認現實就是如此現實，因此在《史記‧佞幸列傳》的起首才會以「力田不如逢年，善仕不如遇合，固無虛言。非獨女以色媚，而仕宦亦有之」等語大抒心中感慨。

必須強調的是，對於多數士人而言，並非得到君主賞識，在宦海中得以馳騁，獲得世所稱羨的名祿爵位，便稱之為「遇」，而是要以不違背傳統道德規範，不委屈或犧牲自身人格及價值觀為前提。誠如董仲舒〈士不遇賦〉所宣示：「嗟天下之偕違兮，恨無與之偕返。孰若返身於素業兮，莫隨世而輪

7　魯迅：《漢文學史綱要》〈司馬相如與司馬遷〉〉，（上海：上海世紀出版集團，2011年），頁41。

轉。雖矯情而獲百利兮，復不如正心而歸一善」，寧可終生不遇，也不願妥協與濁世同流合汙。這樣的立場可以《鹽鐵論》當中的兩段論述來歸結：

> 古之君子，守道以立名，修身以俟時，不為窮變節，不為賤易志，惟仁之處，惟義之行，臨財苟得，見利反義，不義而富，無名而貴，仁者不為也。（〈地方〉）

> 君子求義，非苟富也。故刺子貢不受命而貨殖焉。君子遭時則富且貴，不遇，退而樂道。（〈貧富〉）

君子不因窮變節，不以賤易志，道德操守乃其矢志不移的原則，未逢其時就安貧樂道，修身見世，本書所探討的這些士人演繹了傳統儒者的典型風範，透過作品抒發不遇之感，當中理性的反思與客觀議論遠大於對現世的牢騷，屈原以死殉道的決絕已非他們消解不遇之感的選擇，表現出此一時期不遇賦作特有的時代風貌。[8] 他們藏器待時，修德以自守，立言以顯

---

[8] 楊霞將這三位士人的不遇之作與屈賈相比，指出：「戰國屈原被楚王驅逐，憂憤難平，楚亡即投江殉國；漢初賈誼被貶長沙，志不得抒，鬱鬱而終。與武帝之前這兩位的激憤而死和憂鬱而終有

名，因此作品之外的現實人生，高揚士之獨立人格依舊，用自我的方式踐履理想的堅持依舊，無論是東方朔「苟能修身，何患不榮」的呼告，董仲舒「正身俟時，正心歸善」的踐行，以及「恨私心有所不盡，鄙陋沒世而文采不表於後世」忍辱含垢以成一家之言的司馬遷，均正面的為我們展示士人在遭受挫折矛盾的現世下依舊積極奮起的人生。他們透過學說思想及作品文章，深刻且長遠地影響著世世代代，在歷史的洪流中為自己留下了偉岸身影，歷經千古時光淘洗益加歷久彌新，俗諺所謂「宦位匆匆只十年，文章草草皆千古」，大抵可做為他們不遇之外的人生註腳。

最後，以「士不遇」為題以抒發悲憤、失落、憂鬱之情的作品不僅彰顯於西漢，西漢後期至東漢亦有相關著作，尤其到

所不同，武帝其時的董、遷、朔雖然也同樣積極入世，但更為可貴的是他們已經能夠將個人與國家、正統與道統區分開來，具有更實際的態度或更高的追求。可以說，他們在很大程度上代表了那個時代『不遇』士人的心態。而後世之士，面對不遇，或寄情山水，相忘江湖，或歸守田園，努力稼穡。早期屈賈等士人的極度悲憤壓抑的情態經過董、遷、朔等的回歸、昇華、轉移等方式到後來走向了平和、釋然，同時，士人心理由早期的更多悲世成分，發展為更多體己的內容。」楊氏給予這三位士人的不遇賦作一個嶄新的時代定位，肯定他們對於士不遇文學的發展提供了新的契機。見氏著：〈從董仲舒、司馬遷、東方朔的賦看漢武帝時代的『士不遇』現象〉，《魯行經院學報》，第6期，2003年，頁143。

了東漢時期，無論是士人心態的變化、[9]所面臨的時代議題都大不相同。尤其東漢士人已經歷了兩百多年的封建集權體制，已不似西漢士人對於戰國時代學術自由，士林人格獨立懷抱無限嚮往，加上此時政權更替頻仍，外戚宦官傾軋，讖緯迷信充溢，社會矛盾重重，自然災禍踵繼，時時籠罩在死亡危機的陰影下，相較於西漢盛世下的不遇，東漢士人所面臨的時代議題更加嚴峻，對於生不逢時的感慨，壯志難酬的焦慮，抗爭無力的悲哀，絕對有更深沉的痛苦，相關的議題遠超過本書所能承載，也為避免論述流於寬泛，未能論及之處將留待來日繼續探究。

9　徐復觀〈兩漢知識分子對專制政治的壓力感〉一文指出：「西漢知識分子對由大一統的一人專制政治而來的壓力感也特為強烈。東漢知識分子與西漢知識分子在這一點上，如說有所不同，則西漢知識分子的壓力感，多來自專制政治的自身，是全面性的感受。而東漢知識分子，則多來自專制政治中最黑暗的某些現象，有如外戚、宦官之類；這是對專制政治自身已經讓步以後的壓力感。兩漢知識分子的人格型態，及兩漢的文化思想的發展方向，與其基本性格，都是在這種壓力感之下所推動、所形成的。」詳見氏著：《兩漢思想史》卷一，（台北：學生書局，1999年），頁282。

參考文獻

一、古籍及其校注、譯注

〔漢〕司馬遷撰；〔劉宋〕裴駰集解；〔唐〕司馬貞索隱；
　　〔唐〕張守節正義，《史記》，台北：鼎文書局，
　　1981年

〔漢〕班固撰；〔唐〕顏師古注、楊家駱主編，《漢書》，台
　　北：鼎文書局，1986年

〔漢〕桓寬著；王利器校注，《鹽鐵論校注》，北京：中華書
　　局，1954年

〔三國魏〕稽康著；夏明釗注，《稽康集譯注》，哈爾濱：黑
　　龍江人民出版社，1987年

〔晉〕杜預注；〔唐〕孔穎達疏，《春秋左傳正義》，台北：
　　藝文印書館《十三經注疏》，1993年

〔晉〕葛洪撰；周天游校注，《西京雜記》，西安：三秦出版
　　社，2006年

〔南朝梁〕劉勰著；周振甫注，《文心雕龍》，北京：人民文
　　學出版社，1981年

〔南朝梁〕蕭統編；〔唐〕李善注，《文選》，北京：中華書

局，1977年

〔宋〕司馬光編著、〔元〕胡三省音注，《資治通鑑》，北
　　京：中華書局，1982年

〔宋〕蘇軾撰；〔明〕茅維編；孔凡禮點校，《蘇軾文集》，
　　北京：中華書局，1999年

〔宋〕洪興祖：《楚辭補注》，北京：中華書局，1983年

〔宋〕朱熹義釋，《周易本義》（上經），北京：中華書局，
　　2011年

〔宋〕洪邁，《容齋隨筆》，上海：上海古籍出版社，1978年

〔明〕張溥輯，《漢魏六朝百三家集》（《欽定四庫文學總集
　　選刊本》），上海：上海古籍出版社，1995年

〔清〕嚴可均，《全上古三代秦漢三國六朝文》，北京：中華
　　書局，1958年

〔清〕皮錫瑞，《讀史札記》，上海：上海古籍出版社，1982
　　年

〔清〕趙翼著；王樹民校正，《二十二史箚記校正》，北京：
　　中華書局，1984年

〔清〕蘇輿，《春秋繁露義證》，北京：中華書局，1996年

朱一清、孫以昭校注，《司馬相如集校注》，北京：人民文學
　　出版社，1996年

吳榮增、劉華祝等注譯，《新譯漢書》，台北：三民書局，
　　　2013年

李孝中，《司馬相如集校注》，四川：巴蜀書社，2000年

傅春明，《東方朔作品輯注》，濟南：齊魯書社，1987年

逯欽立，《先秦漢魏晉南北朝詩》，北京：中華書局，1983年

黃叔琳注；李詳補注；楊明照校注拾遺，《增訂文心雕龍校
　　　注》，北京：中華書局，2000年

黃靈庚疏證，《楚辭章句疏證》（第五冊），北京：中華書
　　　局，2007年

董仲舒撰；賴炎元註釋，《春秋繁露》，台北：國立編譯館，
　　　1987年

劉文典，《淮南鴻烈集解》，北京：中華書局，2013年

韓兆琦注譯，《新譯史記》，台北：三民書局，2012年

二、近現代研究論著（按姓氏筆畫排列）

于迎春，《漢代文人與文學觀念的演進》，上海：東方出版
社，1997年

于迎春，《秦漢士史》，北京：北京大學出版社，2000年

于景祥，《歷史變革時期的文體演進——先秦兩漢魏晉南北朝
文體流變》，北京：文化藝術出版社，2013年

卜孝萱、王琳，《兩漢文學》，合肥：安徽教育出版社，2001
年

王　明，《道家和道教思想研究》，重慶：中國社會科學出版
社，1984年

王　瑤，《中古文學史論》，北京：北京大學出版社，1998年

王　鐵，《漢代學術史》，上海：華東師範大學出版社，1995
年

王仁祥，《先秦兩漢的隱逸》，台北：臺大出版委員會，1995
年

王永祥，《董仲舒評傳》，江蘇：南京大學出版社，2011年

王長華，《春秋戰國士人與政治》，上海：上海人民出版社，
1997年

王長順，《生態學視野下的西漢文學》，北京：中國社會科學

出版社，2013年

王保頂，《漢代士人與政治》，南京：江蘇人民出版社，2018
　　年

王洪軍，《漢代博士文人群體與漢代文學》，北京：中國社會
　　科學出版社，2010年

王煥然，《漢代士風與賦風研究》，北京：中國社會科學出版
　　社，2006年

可永雪，《《史記》文學成就論稿》，內蒙古：內蒙古教育出
　　版社，1991年

余英時，《現代儒學論》，上海：上海人民出版社，1998年

余英時，《士與中國文化》，上海：上海人民出版社，2003年

吳崇明，《班固文學思想研究》，上海：上海古籍出版社，
　　2010年

呂思勉，《讀史札記》，上海：上海古籍出版社，1982年

李　霞，《生死智慧——道家生命觀研究》，北京：人民出版
　　社，2004年

李炳海，《漢代文學的情理世界》，長春：東北師範大學出版
　　社，2000年

汪耀明，《賈誼和西漢文學》，上海：復旦大學出版社，2003
　　年

周桂鈿，《董仲舒評傳——獨尊儒術 奠定漢魂》，廣西：新
　　華書店，1995年

周桂鈿、吳鋒，《董仲舒》，長春：吉林文史出版社，1997年

周桂鈿，《秦漢思想史》，石家莊：河北人民出版社，2000年

咎風華，《漢代風俗文化與漢代文學》，北京：中國社會科學
　　出版社，2009年

尚學鋒、過常寶、郭英德《中國古典文學接受史》，濟南：山
　　東教育大學出版社，2000年

林聰舜，《《史記》的世界——人性與理念的競逐》，台北：
　　國立編譯館，2009年

林聰舜，《漢代儒學別裁——帝國意識形態的形成與發展》，
　　台北：臺大出版中心，2013年

金春峰，《漢代思想史》，北京：中國社會科學出版社，1997
　　年

侯外廬、趙紀彬、杜國庠、邱漢生著，《中國思想通史》（第
　　二卷），上海：人民出版社，1957年

侯旭東，《寵信——任型君臣關係與西漢歷史的開展》，北
　　京：北京師範大學出版社，2018年

查屏球，《從游士到儒士——漢唐士風與文風論稿》，上海：
　　復旦大學出版社，2005年

禹　平，《兩漢儒生的社會角色》，北京：社會科學文獻出版社，2012年

胡大雷，《中古文學集團》，桂林：廣西師範大學出版社，1996年

胡學常，《文學話語與權力話語——漢賦與兩漢政治》，杭州：浙江人民出版社，2000年

孫　晶，《漢代辭賦研究》，濟南：齊魯書社，2007年

孫以楷主編、陳廣忠、梁宗華著，《道家與中國哲學》（先秦卷），北京：人民出版社，2004年

孫明君，《漢魏文學與政治》，北京：商務印書館，2003年

徐復觀，《兩漢思想史》（卷一）、（卷二），台北：學生書局，1999年

袁保新，《老子哲學之詮釋與重建》，台北：文津出版社，1991年

郜積意，《經典的批判——西漢文學思想研究》，北京：東方出版社，2000年

馬積高，《賦史》，上海：上海古籍出版社，1987年

張　濤，《經學與漢代社會》，河北：河北人民出版社，2001年

張峰屹，《西漢文學思想史》，台北：臺灣商務印書館，2013

年

張新科，《文化視野中的漢代文學》，北京：中國社會科學出
版社，2006年

敖雪崗，《兩漢之際社會與文學》，北京：中國書籍出版社，
2013年

曹淑娟，《漢賦之寫物言志傳統》，台北：文津出版社，1987
年

曹道衡，《中古文學繫年》，北京：中華書局，1986年

許　結，《賦體文學的文化闡釋》，北京：中華書局，2005年

許　結，《漢代文學思想史》，北京：人民文學出版社，2010
年

郭預衡，《中國散文史》，上海：古籍出版社，1986年

陳尚君，《漢唐文學與文獻論考》，上海：上海古籍出版社，
2008年

陸侃如，《中古文學繫年》（上），北京：人民文學出版社，
1998年

陸達夫、韓高年主編，《歷代賦評注》（漢代卷），四川：巴
蜀書社，2010年

彭春艷，《漢賦繫年考證》，上海：上海古籍出版社，2017年

曾祥旭，《論西漢後期的文學和儒學》，開封：河南大學出版

社，2010年

曾仕禮，《兩漢哲學》，昆明：雲南大學出版社，2011年

游國恩，《兩漢文學史參考資料》，台北：漢京文化事業有限
　　　公司，1983年

童超主編，《漢武王朝：惠澤千秋的宏圖偉業》，雲南：雲南
　　　教育出版社，2010年

費振綱、胡雙寶、宗明華輯校，《全漢賦》，北京：北京大學
　　　出版社，1993年

逯耀東，《抑鬱與超越──司馬遷與漢武帝時代》，台北：東
　　　大圖書公司，2015年

馮小祿，《漢賦書寫策略與心態建構》，北京：人民出版社，
　　　2010年

楊樹增、陳桐生、王傳飛，《絕代風華》，台北：雲龍出版
　　　社，2003年

萬光治，《漢賦通論》，北京：中國社會科學出版社，2004年

董治安，《兩漢文獻與文學》，上海：上海古籍出版社，2003
　　　年

董治安主編，《兩漢全書》（第一冊）、（第二冊）、（第三
　　　冊）、（第四冊），濟南：山東大學出版社，2009
　　　年

褚斌杰，《中國古代文體概論》，北京：北京出版社，1984年

趙明、楊樹增、曲德來，《兩漢大文學史》，長春：吉林大學
　　出版社，1998年

劉永翔、呂詠梅選注，《先秦兩漢散文》，廣東：廣東人民出
　　版社，2003年

劉志偉，《漢魏六朝文史論衡》，上海：上海古籍出版社，
　　2012年

劉澤華主編，《士人與社會》（秦漢魏晉南北朝卷），天津：
　　人民出版社，1992年

劉躍進，《秦漢文學論叢》，南京：鳳凰出版社，2008年

劉躍進，《雄風振采　漢代卷》，北京：中華書局，1997年

踪　凡，《漢賦研究史論》，北京：中國人民大學出版社，
　　2016年

鄭明璋，《漢賦文化學》，山東：齊魯書社，2009年

魯　迅，《漢文學史綱要》，北京：人民文學出版社，1976年

錢　穆，《秦漢史》，台北：東大圖書股份有限公司，2015年

錢志熙，《唐前生命觀和文學生命主題》，北京：東方出版
　　社，1997年

錢鍾書，《管錐篇》（三），上海：生活・讀書・新知三聯書
　　店，2001年

潘銘基，《賈誼及其《新書》研究》，上海：上海古籍出版
　　社，2017年

鍾　濤，《雅與俗的跨越——漢魏六朝及元代文學論集》，成
　　都：巴蜀書社，2001年

韓兆琦、趙國華，《秦漢史十五講》，南京：鳳凰出版社，
　　2010年

簡宗梧，《漢賦史論》，台北：東大圖書公司，1993年

羅根澤，《周秦兩漢文學批評史》，台北：臺灣商務印書館，
　　2011年

顧頡剛，《漢代學術史略》，上海：東方出版社，1996年

龔克昌，《中國辭賦研究》，濟南：山東大學出版社，2003年

龔克昌等，《全漢賦評注》，河北：花山文藝出版社，2003年

三、專書論文及期刊論文（按姓氏筆畫排列）

于浴賢，〈從騷體賦看漢人對屈騷的接受和傳播〉，《濟南大學學報》，第16卷第1期，2006年

方　介，〈東方朔與揚雄——傳統知識分子「朝隱」的兩種典型〉，《臺大中文學報》，第27期，2007年12月

王　璟，〈西漢初期士不遇文學主題及士人遭遇探究〉，《東亞漢學研究》（特別號），2019年6月

王　璟，〈國文教學中的生命教育——從司馬遷〈報任安書〉論生命困境的超越〉，《警察專科學校通識叢刊》，第11期，2019年9月。

王　璟，〈漢武帝時期「士不遇」作品探究——以東方朔、董仲舒、司馬遷為例〉，《東亞漢學研究》（特別號），2021年7月

王云鵬，〈尊儒·重法·悉延百端之學——略論漢武帝的基本國策〉，《商丘師範學院學報》，第21卷第4期，2005年8月

王國民，〈從功臣政治到賢臣政治——漢武帝選官用人的政策〉，《鄭州大學學報》第41卷第4期，2008年7月

石觀海、楊亞蕾，〈梁園賦家行年新考〉，《齊魯學刊》，

2006年第2期

朱孟庭，〈司馬遷〈報任安書〉的寫作意旨〉，《人文研究期刊》，第13期，2016年12月

池萬興，〈從西漢『士不遇』賦看西漢文士的『不遇』現象〉，《西藏民族學院學報》，第4期，1995年

呂有云，〈從全生避害到長生不死——論道家重生養生思想向道教神仙信仰的演進〉，第29卷第3期，2003年5月

李乃龍、張春生，〈論漢初藩國文士的文學覺醒〉，《臨沂師範學院學報》，第30卷第4期，2008年4月

李建松，〈司馬遷的『悲其志』與《離騷》的內在情感〉，《洛陽理工學院學報》（社會科學版），第26卷第3期，2011年6月

李賢中，〈中國哲學研究方法之省思〉，《哲學與文化》，第34卷第4期，2007年4月

李錫鎮，〈從文類觀點與撰作時機論司馬遷〈報任安書〉的表述特性〉，《臺大文史哲學報》，第81期，2014年11月

沈有珠，〈從武帝對賦家的任用看其用人之策〉，《肇慶學院學報》，第27卷第6期，2006 年12月

阮芝生，〈司馬遷之心——〈報任少卿書〉析論〉，《臺大歷

史學報》，第26期，2000年12月

孟令軍，〈『發憤以抒情』視域下對士人處境的思考〉，《西
南科技大學學報》（哲學社會科學版），第37卷第2
期，2020年

尚永亮，〈忠奸之爭與感士不遇——論屈原賈誼意識傾向及其
在貶謫文化史上的模式意義〉，《社會科學戰線》，
第4期，1997年4月

林　衍，〈縱橫家和西漢前期文學〉，《韶關學院學報》（社
會科學版），第24卷第8期，2003年8月

林小云，〈西漢"士不遇"賦與士人心態〉，《廈門教育學院
學報》，第6卷第2期，2004年6月

林小云，〈董仲舒和他的〈士不遇賦〉〉，《福建師範大學學
報》（哲學社會科學版），第4期（總第133期），
2005年

林欣儀，〈論司馬遷之『悲士不遇』情結〉，《雲漢學刊》，
第33期，2016年8月

侯立兵，〈漢代文人屈原情結的心理結構〉，《中國文學研
究》，第3期，2003年7月

孫亭玉，〈漢代『士不遇』賦研究〉，《湘潭師範學院學報》
（社會科學版），第23卷第6期，2001年11月

柴雪英，〈儒者之宗的盛世悲——董仲舒〈士不遇賦〉評析〉，《滄州師範專科學校學報》，第22卷第3期，2006年9月

高詩亞，〈論『士不遇賦』中士人心態的轉變——以屈原、董仲舒和陶淵明為例〉，《遼東學院學報》（社會科學版），第2期，2016年4月

張小鋒，〈東方朔行事與漢武帝用人〉，《石河子大學學報》（哲學社會科學版），第31卷第3期，2017年6月

張克鋒，〈論漢代辭賦中的悲士不遇主題及士人心態〉，《甘肅社會科學》，第1期，2007年

張炳尉，〈追尋超越——從先秦儒家性命思想的困境看「窮者而後工」命題的生成與內涵〉，《文化與詩學》，第1期，2009年1月

張炳尉，〈漢代辭賦中的＂士不遇＂主題〉，《雲南社會科學》，第2期，2009年3月

張曉紅，〈論漢代辭賦中悲士不遇主題的成因〉，《青海師專學報》（教育科學版），第4期，2004年

梁曉東〈論董仲舒〈士不遇賦〉中的士人處世之道〉，《甘肅高師學報》，第21卷第4期，2016年

章　雯，〈壓抑、張揚與超脫——兩漢與魏晉文士自嘲意識之

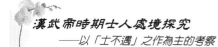

比較〉，《寧德師專學報》（哲學社會科學版），第
2期（總第77期），2006年

陳火生，〈讀漢書「東方朔傳」談東方朔〉，《東方雜誌》，
17卷第2期，1983年8月

陳弘治，〈東方朔評傳〉，《國文學報》，第6期，1977年6月

曾　磊，〈金馬門與「朝隱」象徵——兼論東方朔形象的演
變』〉，《東方論壇》，第6期，2017年

曾祥旭，〈從揚雄對東方朔的評價論西漢隱士之風貌〉，《阜
陽師範學院學報》（社會科學版），第4期，2005年

馮良方，〈漢騷賦『悲士不遇』主題論〉，《雲南教育學院學
報》，第3期，1989年

楊　萍，〈略論漢武帝時期人才盛世〉，《黑龍江教育學院學
報》，第26卷第12期，2007年12月

楊　霞，〈從董仲舒、司馬遷、東方朔的賦看漢武帝時代的
『士不遇』現象〉，《魯行經院學報》，第6期，
2003年

葉秋菊，〈試論西漢求賢詔〉，《江漢論壇》，第12期，2015
年

葉常泓，〈司馬遷賦論與賦作的歷史地位——以士人使命、文
學本質及其頡頏為詮釋據點〉，《東吳中文線上學術

論文》，第4期，2008年12月

劉向斌，〈逃避死亡——西漢賦家對生命的探索〉，《廣西社
　　會科學》，第3期（總第93期）， 2003年

劉向斌，〈疏離與逃避——西漢賦家對生命的探索〉，《南都
　　學壇》（人文社會科學學報），第23卷第2期，2003
　　年3月

劉夏輝、韓霞、商光鋒，〈試論西漢『士不遇』文學主題的凸
　　顯及其成因〉，《工會論壇》， 第14卷第2期，2008
　　年3月

鄭良樹，〈司馬遷的賦論〉，《新亞學術集刊》，第13輯，
　　1994年

魯紅平，〈論司馬相如的儒家思想〉，《西南民族大學學報》
　　（哲學社會科學版），第205期，2008年9月

顏崑陽，〈論漢代文人『悲士不遇』的心靈模式〉，收錄於國
　　立政治大學中文系主編《漢代文學與思想學術研討會
　　論文集》，台北：文史哲出版社，1991年10月

四、學位論文（按姓氏筆畫排列）

王進明，《西漢〝士不遇〞賦透析——以賈誼、董仲舒、司馬遷為研究對象》，延邊大學碩士論文，2006年5月

李國熙，《兩漢魏晉辭賦中失志題材作品之研究》，中國文化大學中文研究所碩士論文，1986年

李鳳艷，《漢武帝時期文人活動年表及相關問題研究》，青島大學碩士論文，2008年6月

林小云，《兩漢士不遇賦研究》，福建師範大學碩士論文，2003年4月

林素美，《漢賦題材之研究》，中國文化大學中文研究所博士論文，2010年

孫保珍，《西漢文學『士不遇』主題研究》，河北師範大學碩士論文，2009年4月

張　瓊，《漢武帝應對侍從群體研究》，華中師範大學碩士論文，2007年5月

劉慶鑫，《漢武帝求賢詔研究》，哈爾濱師範大學碩士論文，2013年6月

國家圖書館出版品預行編目資料

漢武帝時期士人處境探究——以「士不遇」之作
為主的考察／王璟 著.--初版.--臺北市：五南圖
書出版股份有限公司，2022.3
 ISBN 978-626-317-657-7（平裝）
 1.CST：士 2.CST：漢代
 546.1135   111002293

漢武帝時期士人處境探究
——以「士不遇」之作為主的考察

作　　者　王璟

校　　對　王璟

發 行 人　楊榮川

出　　版　五南圖書出版股份有限公司

　　　　　106台北市大安區和平東路二段339號4樓

　　　　　電話：(02) 2705-5066（代表號）

　　　　　傳真：(02) 2706-6100

設計編印　白象文化事業有限公司

　　　　　專案主編：陳逸儒　　經紀人：廖書湘

經銷代理　白象文化事業有限公司

　　　　　412台中市大里區科技路1號8樓之2（台中軟體園區）

　　　　　出版專線：（04）2496-5995　　傳真：（04）2496-9901

　　　　　401台中市東區和平街228巷44號（經銷部）

　　　　　購書專線：（04）2220-8589　　傳真：（04）2220-8505

印　　刷　百通科技股份有限公司

初版一刷　2022 年 3 月

定　　價　280 元

缺頁或破損請寄回更換

版權歸作者所有，內容權責由作者自負